Østens Smagsoplevelser
En Rejse gennem Asiatiske Kulinariske Skatte

Mia Smagsrejser

Indholdsfortegnelse

Simpel kyllingebrød 9
Kylling i tomatsauce 11
Kylling med tomater 12
Pocheret kylling med tomater 13
Kylling og tomater med sort bønnesauce 14
Hurtig kogt kylling med grøntsager 15
Kylling med valnødder 16
Kylling med valnødder 17
Kylling med vandkastanjer 18
Saltet kylling med vandkastanjer 19
kylling wonton 21
Sprøde kyllingevinger 22
Fem krydderi kyllingevinger 23
Marinerede kyllingevinger 24
Ægte kyllingevinger 26
Kyllingevinger med krydderier 28
grillede kyllingelår 29
Hoisin kyllingelår 30
Stuvet kylling 31
Sprødstegt kylling 32
Hel stegt kylling 34
Fem krydderier kylling 35
Kylling med ingefær og purløg 37
pocheret kylling 38
Rød kogt kylling 39
Kylling med krydderier kogt i rødt 40
Stegt kylling med sesam 41
Kylling i sojasovs 42
dampet kylling 43
Dampet kylling med anis 44
Underligt smagende kylling 45
Sprøde kyllingestykker 46

Kylling med grønne bønner 47
Kogt kylling med ananas.. 48
Kylling med peberfrugt og tomater.. 49
Sesam kylling 50
stegte poussiner... 51
Tyrkiet med Mangetout 52
Kalkun med peber 54
kinesisk stegt kalkun.. 56
Kalkun med valnødder og svampe 57
And med bambusskud.. 58
And med bønnespirer 59
Stuvet And 60
Dampet and med selleri 61
And med ingefær 62
And med grønne bønner... 64
Stegt dampet and.. 66
And med eksotiske frugter... 67
Braiseret and med kinesiske blade.. 69
beruset and.. 70
Fem krydderier and 71
Sauteret and med ingefær 72
And med skinke og porrer.. 73
Honningstegt and.. 74
Fugtig andesteg... 75
Sauteret and med svampe 77
And med to svampe 79
Braiseret and med løg.. 80
And med appelsin.. 82
Stegt and med appelsin 83
And med pærer og kastanjer 84
Peking and 85
Stuvet and med ananas 88
Sauteret and med ananas... 89
Ananas og ingefærand 91
And med ananas og litchi... 92
And med svinekød og kastanjer 93

And med kartofler	*94*
Rød kogt and	*96*
Risvinsstegt and	*97*
Dampet and med risvin	*98*
Saltet And	*99*
Saltet and med grønne bønner	*100*
Langsomt kogt and	*102*
Sauteret and	*104*
And med søde kartofler	*105*
sød og sur and	*107*
mandarin and	*109*
And med grøntsager	*109*
Sauteret and med grøntsager	*111*
Hvid kogt and	*113*
And med vin	*114*
Kylling med bambusskud	*115*
dampet skinke	*116*
Bacon med kål	*117*
Kylling med mandler	*118*
Kylling med mandler og vandkastanjer	*120*
Kylling med mandler og grøntsager	*121*
Anis kylling	*123*
Kylling med abrikoser	*124*
Kylling med asparges	*125*
Kylling med aubergine	*126*
Bacon rullet kylling	*127*
Kylling med bønnespirer	*128*
Kylling med sorte bønnesauce	*129*
Kylling med broccoli	*130*
Kylling med kål og jordnødder	*131*
Kylling med cashewnødder	*132*
Kylling med kastanjer	*134*
Krydret kylling	*135*
Sauteret kylling med Chile	*137*
Kyllingekotelet Suey	*139*
Kylling chow mein	*141*

Sprød krydret kylling 143
Stegt kylling med agurk 145
Kylling karry med chili 147
Kinesisk karry kylling 148
Hurtig kylling karry 149
Karry kylling med kartofler 150
stegte kyllingelår 151
Stegt kylling med karrysauce 152
beruset kylling 153
Saltet kylling med æg 155
Kyllingeæggeruller 157
Stuvet kylling med æg 159
Fjernøstlig kylling 161
Foo Yung kylling 162
Skinke og kylling Foo Yung 163
Ingefærstegt kylling 164
Ingefær kylling 165
Ingefærkylling med champignon og kastanjer 166
gylden kylling 167
Marineret gylden kyllingegryderet 168
Guldmønter 170
Dampet kylling med skinke 171
Kylling med Hoisinsauce 172
Honning kylling 174
Kung Pao kylling 175
Kylling med porrer 176
Citron kylling 177
Steg citronkylling 179
Kyllingelever med bambusskud 181
Stegt kyllingelever 182
Kyllingelever med Mangetout 183
Kyllingelever med nudelpandekager 184
Kyllingelever med østerssauce 185
Kyllingelever med ananas 186
Sød og sur kyllingelever 187
Kylling med litchi 188

Kylling med litchi sauce *189*
Kylling med Mangetout *191*
Kylling med mango *192*
Kylling fyldt melon *194*
Steg kylling og svampe *195*
Kylling med svampe og jordnødder *196*
Sauteret kylling med svampe *198*
Dampet kylling med svampe *200*
Kylling med løg *201*
Appelsin og citron kylling *202*
Kylling med østerssauce *203*
kyllingepakker *204*
Jordnøddekylling *205*
Peanut Butter Kylling *206*
Kylling med ærter *208*
Peking kylling *209*
Kylling med peber *210*
Sauteret kylling med peber *212*
Kylling og ananas *214*
Kylling med ananas og litchi *215*
Kylling med svinekød *216*

Simpel kyllingebrød

Til 4 personer

1 kyllingebryst, skåret i tynde skiver

2 skiver ingefærrod, hakket

2 spidskål (spidskål), hakket

15 ml / 1 spsk majsmel (majsstivelse)

15 ml / 1 spsk risvin eller tør sherry

30 ml / 2 spsk vand

2,5 ml / ½ tsk salt

45 ml / 3 spsk jordnøddeolie (peanut).

100 g/4 oz bambusskud, skåret i skiver

100 g/4 oz svampe, skåret i skiver

100 g/4 oz bønnespirer

15 ml / 1 spsk sojasovs

5 ml / 1 tsk sukker

120 ml / 4 fl oz / ½ kop kyllingebouillon

Læg kyllingen i en skål. Bland ingefær, spidskål, majsstivelse, vin eller sherry, vand og salt, tilsæt kyllingen og lad det trække i 1 time. Varm halvdelen af olien op, og steg kyllingen, til den er let gylden, og tag den derefter af panden. Varm den resterende olie op og steg bambusskud, svampe og bønnespirer i 4 minutter. Tilsæt sojasovs, sukker og bouillon, bring det i kog, læg låg på og lad det simre i 5 minutter, indtil grøntsagerne er møre. Kom kyllingen tilbage i gryden, rør godt rundt og varm forsigtigt op inden servering.

Kylling i tomatsauce

Til 4 personer

30 ml / 2 spsk jordnøddeolie

5 ml / 1 tsk salt

2 fed hvidløg, knust

450 g / 1 lb kylling i tern

300 ml / ½ pt / 1¼ kopper hønsebouillon

120 ml / 4 fl oz / ½ kop tomatsauce (ketchup)

15 ml / 1 spsk majsmel (majsstivelse)

4 spidskål (spidskål), skåret i skiver

Varm olien op med salt og hvidløg, indtil hvidløget er let gyldent. Tilsæt kyllingen og sauter indtil den er let brunet. Tilsæt det meste af bouillonen, bring det i kog, læg låg på og lad det simre i cirka 15 minutter, indtil kyllingen er mør. Rør den resterende bouillon i tomatsaucen og majsmel og rør i gryden. Kog over lav varme under omrøring, indtil saucen tykner og klarner. Hvis saucen er for tynd, så lad den simre et stykke tid, indtil den reducerer. Tilsæt spidskål og lad det simre i 2 minutter inden servering.

Kylling med tomater

Til 4 personer

225 g/8 oz kylling i tern

15 ml / 1 spsk majsmel (majsstivelse)

15 ml / 1 spsk sojasovs

15 ml / 1 spsk risvin eller tør sherry

45 ml / 3 spsk jordnøddeolie (peanut).

1 løg skåret i tern

60 ml / 4 spsk hønsebouillon

5 ml / 1 tsk salt

5 ml / 1 tsk sukker

2 tomater, flået og skåret i tern

Bland kyllingen med majsstivelse, sojasovs og vin eller sherry og lad den hvile i 30 minutter. Varm olien op og steg kyllingen, indtil den er lys i farven. Tilsæt løget og sauter indtil det er blødt. Tilsæt bouillon, salt og sukker, bring det i kog og rør forsigtigt ved svag varme, indtil kyllingen er kogt. Tilsæt tomaterne og rør til de er gennemvarme.

Pocheret kylling med tomater

Til 4 personer

4 portioner kylling

4 tomater, flået og delt i kvarte

15 ml / 1 spsk risvin eller tør sherry

15 ml / 1 spsk jordnøddeolie

salt

Læg kyllingen i en stegepande og dæk med koldt vand. Bring det i kog, læg låg på og lad det simre i 20 minutter. Tilsæt tomater, vin eller sherry, olie og salt, læg låg på og lad det simre i yderligere 10 minutter, indtil kyllingen er kogt. Læg kyllingen på en opvarmet tallerken og skær den i stykker til servering. Varm saucen op igen og hæld over kyllingen til servering.

Kylling og tomater med sort bønnesauce

Til 4 personer

45 ml / 3 spsk jordnøddeolie (peanut).

1 fed presset hvidløg

45 ml / 3 spsk sort bønnesauce

225 g/8 oz kylling i tern

15 ml / 1 spsk risvin eller tør sherry

5 ml / 1 tsk sukker

15 ml / 1 spsk sojasovs

90 ml / 6 spsk hønsebouillon

3 tomater, flået og delt i kvarte

10 ml / 2 tsk majsmel (majsstivelse)

45 ml / 3 spsk vand

Varm olien op og steg hvidløget i 30 sekunder. Tilsæt den sorte bønnesauce og steg i 30 sekunder, tilsæt derefter kyllingen og rør, indtil den er godt dækket af olie. Tilsæt vin eller sherry, sukker, sojasovs og bouillon, bring det i kog, læg låg på og lad det simre i cirka 5 minutter, indtil kyllingen er kogt. Bland majsmel og vand til en pasta, rør det i gryden og kog ved svag varme under omrøring, indtil saucen bliver klar og tykner.

Hurtig kogt kylling med grøntsager

Til 4 personer

1 æggehvide

50 g/2 oz majsmel (majsstivelse)

225 g/8 oz kyllingebryst, skåret i strimler

75 ml / 5 spiseskefulde jordnøddeolie (peanut).

200 g/7 oz bambusskud, skåret i strimler

50 g/2 oz bønnespirer

1 grøn peberfrugt skåret i strimler

3 spidskål (spidskål), skåret i skiver

1 skive ingefærrod, hakket

1 fed hvidløg, hakket

15 ml / 1 spsk risvin eller tør sherry

Pisk æggehvide og majsstivelse og dyp kyllingestrimlerne i blandingen. Varm olien op til moderat varm og steg kyllingen i et par minutter, indtil den er gennemstegt. Tag af panden og dræn godt af. Tilsæt bambusskud, bønnespirer, peberfrugt, løg, ingefær og hvidløg på panden og steg i 3 minutter. Tilsæt vin eller sherry og kom kyllingen tilbage i gryden. Rør godt rundt og varm op inden servering.

Kylling med valnødder

Til 4 personer

45 ml / 3 spsk jordnøddeolie (peanut).

2 spidskål (spidskål), hakket

1 skive ingefærrod, hakket

450 g/1 lb kyllingebryst, meget tynde skiver

50 g/2 oz skinke, strimlet

30 ml / 2 spsk sojasovs

30 ml / 2 spsk risvin eller tør sherry

5 ml / 1 tsk sukker

5 ml / 1 tsk salt

100 g / 4 oz / 1 kop valnødder, hakket

Varm olien op og steg løg og ingefær i 1 minut. Tilsæt kylling og skinke og steg i 5 minutter, indtil de er næsten gennemstegte. Tilsæt sojasovsen, vin eller sherry, sukker og salt og sauter i 3 minutter. Tilsæt valnødderne og sauter i 1 minut, indtil ingredienserne er godt blandet.

Kylling med valnødder

Til 4 personer

100 g / 4 oz / 1 kop afskallede valnødder, halveret

olie til stegning

45 ml / 3 spsk jordnøddeolie (peanut).

2 skiver ingefærrod, hakket

225 g/8 oz kylling i tern

100 g/4 oz bambusskud, skåret i skiver

75 ml / 5 spsk hønsebouillon

Forbered nødderne, varm olien op og steg nødderne til de er gyldenbrune og dryp dem godt af. Varm jordnøddeolien op og steg ingefæren i 30 sekunder. Tilsæt kyllingen og sauter indtil den er let brunet. Tilsæt de resterende ingredienser, bring det i kog og lad det simre under omrøring, indtil kyllingen er kogt.

Kylling med vandkastanjer

Til 4 personer

45 ml / 3 spsk jordnøddeolie (peanut).

2 fed hvidløg, knust

2 spidskål (spidskål), hakket

1 skive ingefærrod, hakket

225 g/8 oz kyllingebryst, skåret i skiver

100 g/4 oz vandkastanjer, skåret i skiver

45 ml / 3 spsk sojasovs

15 ml / 1 spsk risvin eller tør sherry

5 ml / 1 tsk majsmel (majsstivelse)

Varm olien op og svits hvidløg, spidskål og ingefær let gyldent. Tilsæt kyllingen og svits i 5 minutter. Tilsæt vandkastanjerne og svits i 3 minutter. Tilsæt sojasovs, vin eller sherry og majsmel og sauter i cirka 5 minutter, indtil kyllingen er gennemstegt.

Saltet kylling med vandkastanjer

Til 4 personer

30 ml / 2 spsk jordnøddeolie

4 stykker kylling

3 spidskål (spidskål), hakket

2 fed hvidløg, knust

1 skive ingefærrod, hakket

250 ml / 8 fl oz / 1 kop sojasovs

30 ml / 2 spsk risvin eller tør sherry

30 ml / 2 spsk brun farin

5 ml / 1 tsk salt

375 ml / 13 fl oz / 1¼ kopper vand

225 g/8 oz vandkastanjer, skåret i skiver

15 ml / 1 spsk majsmel (majsstivelse)

Varm olien op og steg kyllingestykkerne til de er gyldenbrune. Tilsæt spidskål, hvidløg og ingefær og svits i 2 minutter. Tilsæt sojasovsen, vin eller sherry, sukker og salt og rør godt. Tilsæt vandet og bring det i kog, læg låg på og lad det simre i 20 minutter. Tilsæt vandkastanjerne, læg låg på og kog i 20 minutter mere. Bland majsmelet med lidt vand, rør det i saucen og kog ved svag varme under omrøring, indtil saucen bliver klar og tykner.

kylling wonton

Til 4 personer

4 tørrede kinesiske svampe

450 g/1 lb kyllingebryst, strimlet

225 g/8 oz blandede grøntsager, hakket

1 forårsløg (spidskål), hakket

15 ml / 1 spsk sojasovs

2,5 ml / ½ tsk salt

40 wonton skind

1 sammenpisket æg

Udblød svampene i varmt vand i 30 minutter og dræn derefter. Kassér stilkene og hak toppen. Bland med kylling, grøntsager, sojasovs og salt.

For at folde wontons skal du holde huden i din venstre håndflade og lægge lidt fyld i midten. Fugt kanterne med æg og fold skindet til en trekant, forsegl kanterne. Fugt hjørnerne med æg og vrid.

Bring en gryde med vand i kog. Tilsæt wontons og lad det simre i cirka 10 minutter, indtil de flyder til toppen.

Sprøde kyllingevinger

Til 4 personer

900g/2lb kyllingevinger

60 ml / 4 spsk risvin eller tør sherry

60 ml / 4 spsk sojasovs

50 g / 2 oz / ½ kop majsmel (majsstivelse)

jordnøddeolie til stegning

Læg kyllingevingerne i en skål. Bland de resterende ingredienser og hæld over kyllingevingerne, vend godt rundt for at dække dem med saucen. Dæk til og lad stå i 30 minutter. Varm olien op og steg kyllingen et par ad gangen, til den er gennemstegt og mørkebrun. Afdryp godt på køkkenpapir og hold varmt, mens du steger den resterende kylling.

Fem krydderi kyllingevinger

Til 4 personer

30 ml / 2 spsk jordnøddeolie

2 fed hvidløg, knust

450 g/1 lb kyllingevinger

250 ml / 8 fl oz / 1 kop kyllingebouillon

30 ml / 2 spsk sojasovs

5 ml / 1 tsk sukker

5 ml/1 tsk fem krydderier pulver

Varm olie og hvidløg op, indtil hvidløget er let gyldent. Tilsæt kyllingen og sauter indtil den er let brunet. Tilsæt de resterende ingredienser, rør godt rundt og bring det i kog. Læg låg på og lad det simre i cirka 15 minutter, indtil kyllingen er gennemstegt. Tag låget af og fortsæt med at simre under omrøring af og til, indtil næsten al væsken er fordampet. Serveres varm eller kold.

Marinerede kyllingevinger

Til 4 personer

45 ml / 3 spsk sojasovs

45 ml / 3 spsk risvin eller tør sherry

30 ml / 2 spsk brun farin

5 ml / 1 tsk revet ingefærrod

2 fed hvidløg, knust

6 spidskål (spidskål), skåret i skiver

450 g/1 lb kyllingevinger

30 ml / 2 spsk jordnøddeolie

225 g/8 oz bambusskud, skåret i skiver

20 ml / 4 teskefulde majsmel (majsstivelse)

175 ml / 6 fl oz / ¾ kop kyllingebouillon

Bland sojasovs, vin eller sherry, sukker, ingefær, hvidløg og spidskål sammen. Tilsæt kyllingevingerne og rør rundt, så de er dækket helt. Dæk til og lad sidde i 1 time under omrøring af og til. Varm olien op og steg bambusskuddene i 2 minutter. Tag dem op af gryden. Dræn kyllingen og løget, behold marinaden. Varm olien op igen og steg kyllingen gyldenbrun på alle sider. Dæk til og kog i 20 minutter mere, indtil kyllingen er mør. Blend majsstivelsen med bouillonen og den reserverede marinade. Hæld kyllingen over og bring det i kog under omrøring, indtil saucen tykner. Tilsæt bambusskuddene og lad det simre under omrøring i 2 minutter mere.

Ægte kyllingevinger

Til 4 personer

12 kyllingevinger

250 ml / 8 fl oz / 1 kop jordnøddeolie (peanut).

15 ml / 1 spsk granuleret sukker

2 spidskål (spidskål), skåret i stykker

5 skiver ingefærrod

5 ml / 1 tsk salt

45 ml / 3 spsk sojasovs

250 ml / 8 fl oz / 1 kop risvin eller tør sherry

250 ml / 8 fl oz / 1 kop kyllingebouillon

10 skiver bambusskud

15 ml / 1 spsk majsmel (majsstivelse)

15 ml / 1 spsk vand

2,5 ml / ½ tsk sesamolie

Blancher kyllingevingerne i kogende vand i 5 minutter og afdryp dem derefter godt. Varm olien op, tilsæt sukkeret og rør til det er smeltet og gyldent. Tilsæt kylling, spidskål, ingefær, salt, sojasovs, vin og bouillon, bring det i kog og lad det simre i 20 minutter. Tilsæt bambusskuddene og lad det simre i 2 minutter eller indtil væsken er næsten helt fordampet. Blend majsmelet med vandet, rør det i gryden og rør til det tykner. Overfør kyllingevingerne til en varm serveringsfad og server drysset med sesamolie.

Kyllingevinger med krydderier

Til 4 personer

30 ml / 2 spsk jordnøddeolie

5 ml / 1 tsk salt

2 fed hvidløg, knust

900g/2lb kyllingevinger

30 ml / 2 spsk risvin eller tør sherry

30 ml / 2 spsk sojasovs

30 ml / 2 spsk tomatpuré (pasta)

15 ml / 1 spsk Worcestershire sauce

Varm olie, salt og hvidløg op og steg indtil hvidløget bliver let gyldent. Tilsæt kyllingevingerne og steg under jævnlig omrøring i cirka 10 minutter, indtil de er gyldenbrune og næsten gennemstegte. Tilsæt de resterende ingredienser og svits i cirka 5 minutter, indtil kyllingen er sprød og gennemstegt.

grillede kyllingelår

Til 4 personer

16 kyllingelår

30 ml / 2 spsk risvin eller tør sherry

30 ml / 2 spsk vineddike

30 ml / 2 spsk olivenolie

salt og friskkværnet peber

120 ml / 4 fl oz / ½ kop appelsinjuice

30 ml / 2 spsk sojasovs

30 ml / 2 spsk honning

15 ml / 1 spsk citronsaft

2 skiver ingefærrod, hakket

120 ml / 4 fl oz / ½ kop chilisauce

Bland alle ingredienserne undtagen chilisaucen, læg låg på og lad den marinere i køleskabet natten over. Fjern kyllingen fra marinaden og grill eller steg (steg) i ca. 25 minutter, vend og drys med chilisaucen, mens den koges.

Hoisin kyllingelår

Til 4 personer

8 kyllingelår

600 ml / 1 pt / 2½ kopper hønsebouillon

salt og friskkværnet peber

250 ml / 8 fl oz / 1 kop hoisinsauce

30 ml / 2 spsk almindeligt mel (all-purpose)

2 sammenpisket æg

100 g / 4 oz / 1 kop brødkrummer

olie til stegning

Læg underlår og bouillon i en gryde, bring det i kog, læg låg på og lad det simre i 20 minutter, indtil det er kogt. Tag kyllingen af panden og dup den tør med køkkenpapir. Læg kyllingen i en skål og krydr med salt og peber. Hæld hoisinsaucen over og lad den marinere i 1 time. At dræne. Smid kyllingen i melet, overtræk derefter med æg og rasp, derefter æg og rasp igen. Varm olien op og steg kyllingen i cirka 5 minutter, indtil den er gyldenbrun. Afdryp på køkkenpapir og server varm eller kold.

Stuvet kylling

Til 4 til 6 portioner

75 ml / 5 spiseskefulde jordnøddeolie (peanut).

1 kylling

3 spidskål (spidskål), skåret i skiver

3 skiver ingefærrod

120 ml / 4 fl oz / ½ kop sojasovs

30 ml / 2 spsk risvin eller tør sherry

5 ml / 1 tsk sukker

Varm olien op og steg kyllingen til den er gyldenbrun. Tilsæt spidskål, ingefær, sojasovs og vin eller sherry og bring det i kog. Læg låg på og lad det simre i 30 minutter, vend af og til. Tilsæt sukker, læg låg på og lad det simre i yderligere 30 minutter, indtil kyllingen er kogt.

Sprødstegt kylling

Til 4 personer

1 kylling

salt

30 ml / 2 spsk risvin eller tør sherry

3 spidskål (spidskål), i tern

1 skive ingefærrod

30 ml / 2 spsk sojasovs

30 ml / 2 spsk sukker

5 ml / 1 tsk hele nelliker

5 ml / 1 tsk salt

5 ml / 1 tsk peberkorn

150 ml / ¼ pt / generøs ½ kop hønsebouillon

olie til stegning

1 salat, revet

4 tomater, skåret i skiver

½ agurk, skåret i skiver

Gnid kyllingen med salt og lad den hvile i 3 timer. Skyl og læg i en skål. Tilsæt vin eller sherry, ingefær, sojasovs, sukker, nelliker, salt, peberkorn og bouillon og dryp godt. Sæt skålen i en dampkoger, dæk til og damp i ca. 2 ¼ time, indtil kyllingen er gennemstegt. At dræne. Varm olien op, indtil den ryger, tilsæt derefter kyllingen og steg den gyldenbrun. Steg i yderligere 5 minutter, fjern olien og afdryp. Skær i stykker og læg på et lunt fad. Pynt med salat, tomater og agurk og server med en peber- og saltdressing.

Hel stegt kylling

Til 5 portioner

1 kylling
10 ml / 2 tsk salt
15 ml / 1 spsk risvin eller tør sherry
2 spidskål (spidskål), skåret i halve
3 skiver ingefærrod, skåret i strimler
olie til stegning

Dup kyllingen tør og gnid skindet med salt og vin eller sherry. Læg spidskål og ingefær inde i hulrummet. Hæng kyllingen til tørre på et køligt sted i cirka 3 timer. Varm olien op og læg kyllingen i en stegekurv. Sænk forsigtigt ned i olien og rist løbende indvendigt og udvendigt, indtil kyllingen er letfarvet. Fjern olien og lad den køle lidt af, mens du genopvarmer olien. Steg igen indtil gyldenbrun. Dræn godt af og skær derefter i stykker.

Fem krydderier kylling

Til 4 til 6 portioner

1 kylling

120 ml / 4 fl oz / ½ kop sojasovs

2,5 cm/1 tomme ingefærrod, hakket

1 fed presset hvidløg

15 ml/1 spsk five spice pulver

30 ml / 2 spsk risvin eller tør sherry

30 ml / 2 spsk honning

2,5 ml / ½ tsk sesamolie

olie til stegning

30 ml / 2 spsk salt

5 ml / 1 tsk friskkværnet peber

Læg kyllingen i en stor gryde og fyld den med vand til midten af låret. Reserver 15 ml/1 spsk sojasovs, og tilsæt resten til gryden med ingefær, hvidløg og halvdelen af pulveret med fem krydderier. Bring det i kog, læg låg på og lad det simre i 5 minutter. Sluk for varmen og lad kyllingen sidde i vandet til vandet er lunkent. At dræne.

Skær kyllingen i halve på langs og læg med snitsiden nedad i en bradepande. Bland den resterende sojasovs og pulver med fem krydderier med vin eller sherry, honning og sesamolie. Gnid blandingen over kyllingen og lad den sidde i 2 timer, og drys af og til med blandingen. Varm olien op og steg kyllingehalvdelene i cirka 15 minutter, indtil de er gyldenbrune og gennemstegte. Afdryp på køkkenpapir og skær i portioner.

Bland imens salt og peber i og varm i en tør stegepande i cirka 2 minutter. Server som en sauce med kylling.

Kylling med ingefær og purløg

Til 4 personer

1 kylling
2 skiver ingefærrod, skåret i strimler
salt og friskkværnet peber
90 ml / 4 spsk jordnøddeolie
8 spidskål (spidskål), finthakket
10 ml / 2 tsk hvidvinseddike
5 ml / 1 tsk sojasovs

Læg kyllingen i en stor gryde, tilsæt halvdelen af ingefæren og hæld nok vand i til næsten at dække kyllingen. Krydr med salt og peber. Bring det i kog, læg låg på og lad det simre i cirka 1¼ time, indtil det er mørt. Lad kyllingen sidde i bouillonen, indtil den er afkølet. Dræn kyllingen og stil den på køl til den er kold. Skær i portioner.

Riv den resterende ingefær og bland med olie, spidskål, vineddike og sojasovs samt salt og peber. Stil på køl i 1 time. Læg kyllingestykkerne i en serveringsskål og hæld ingefærdressingen over. Server med dampede ris.

pocheret kylling

Til 4 personer

1 kylling

1,2 l / 2 pt / 5 kopper hønsebouillon eller vand

30 ml / 2 spsk risvin eller tør sherry

4 spidskål (spidskål), hakket

1 skive ingefærrod

5 ml / 1 tsk salt

Læg kyllingen i en stor gryde med alle de resterende ingredienser. Bouillonen eller vandet skal nå midt på låret. Bring det i kog, læg låg på og lad det simre i cirka 1 time, indtil kyllingen er gennemstegt. Afdryp, behold bouillonen til supper.

Rød kogt kylling

Til 4 personer

1 kylling

250 ml / 8 fl oz / 1 kop sojasovs

Læg kyllingen i en gryde, hæld sojasovsen over og fyld med vand, så den næsten dækker kyllingen. Bring det i kog, læg låg på og lad det simre i ca. 1 time, indtil kyllingen er kogt, vend af og til.

Kylling med krydderier kogt i rødt

Til 4 personer

2 skiver ingefærrod

2 purløg (spidskål)

1 kylling

3 nelliker stjerneanis

½ kanelstang

15 ml / 1 spsk Sichuan peberkorn

75 ml / 5 spsk sojasovs

75 ml / 5 spsk risvin eller tør sherry

75 ml / 5 spsk sesamolie

15 ml / 1 spsk sukker

Læg ingefær og spidskål inde i kyllingehulen og læg kyllingen i en stegepande. Bind stjerneanis, kanel og pebernødder i et stykke muslin og tilsæt på panden. Hæld sojasovsen, vin eller sherry og sesamolie over. Bring det i kog, læg låg på og lad det simre i cirka 45 minutter. Tilsæt sukker, læg låg på og lad det simre i 10 minutter mere, indtil kyllingen er gennemstegt.

Stegt kylling med sesam

Til 4 personer

50 g/2 oz sesamfrø

1 løg finthakket

2 fed hvidløg, hakket

10 ml / 2 tsk salt

1 tørret rød chili, stødt

knivspids malet nelliker

2,5 ml / ½ tsk stødt kardemomme

2,5 ml / ½ tsk malet ingefær

75 ml / 5 spiseskefulde jordnøddeolie (peanut).

1 kylling

Bland alle krydderier og olie og pensl over kyllingen. Kom i en bradepande og tilsæt 30 ml/2 spsk vand til formen. Steg i en forvarmet ovn ved 180°C/350°F/gasmærke 4 i ca. 2 timer, rist og vend kyllingen af og til, indtil den er gyldenbrun og gennemstegt. Tilsæt eventuelt lidt mere vand for at undgå at det brænder på.

Kylling i sojasovs

Til 4 til 6 portioner

300 ml / ½ pt / 1 ¼ kopper sojasovs

300 ml / ½ pt / 1 ¼ kopper risvin eller tør sherry

1 hakket løg

3 skiver ingefærrod, hakket

50 g / 2 oz / ¼ kop sukker

1 kylling

15 ml / 1 spsk majsmel (majsstivelse)

60 ml / 4 spiseskefulde vand

1 agurk, skrællet og skåret i skiver

30 ml / 2 spsk hakket frisk persille

Bland sojasovsen, vin eller sherry, løg, ingefær og sukker i en gryde og bring det i kog. Tilsæt kyllingen, bring det i kog, læg låg på og lad det simre i 1 time, vend kyllingen af og til, indtil den er kogt. Overfør kyllingen til en varm serveringsfad og skær den ud. Hæld alle på nær 250 ml / 8 fl oz / 1 kop af kogevæsken og bring det i kog. Bland majsmel og vand til en pasta, rør det i gryden og kog ved svag varme under omrøring, indtil saucen bliver klar og tykner. Fordel lidt sauce over kyllingen og pynt kyllingen med agurk og persille. Server den resterende sauce separat.

dampet kylling

Til 4 personer

1 kylling
45 ml / 3 spsk risvin eller tør sherry
salt
2 skiver ingefærrod
2 purløg (spidskål)
250 ml / 8 fl oz / 1 kop kyllingebouillon

Læg kyllingen i en varmefast skål og gnid med vin eller sherry og salt og læg ingefær og purløg inde i hulrummet. Stil skålen på en rist i en dampkoger, dæk til og damp over kogende vand i ca. 1 time, indtil den er gennemstegt. Serveres varm eller kold.

Dampet kylling med anis

Til 4 personer

250 ml / 8 fl oz / 1 kop sojasovs

250 ml / 8 fl oz / 1 kop vand

15 ml / 1 spsk brun farin

4 nelliker stjerneanis

1 kylling

Bland sojasovsen, vand, sukker og anis i en gryde og bring det i kog ved svag varme. Læg kyllingen i en skål og drys blandingen godt inde og ude. Genopvarm blandingen og gentag. Læg kyllingen i en varmefast skål. Stil skålen på en rist i en dampkoger, dæk til og damp over kogende vand i ca. 1 time, indtil den er gennemstegt.

Underligt smagende kylling

Til 4 personer

1 kylling
5 ml/1 tsk hakket ingefærrod
5 ml / 1 tsk hakket hvidløg
45 ml / 3 spsk tyk sojasovs
5 ml / 1 tsk sukker
2,5 ml / ½ tsk vineddike
10 ml / 2 tsk sesamsauce
5 ml / 1 tsk friskkværnet peber
10 ml / 2 tsk chiliolie
½ salat, revet
15 ml / 1 spsk hakket frisk koriander

Læg kyllingen i en gryde og fyld med vand, indtil den kommer halvvejs op ad kyllingelårene. Bring det i kog, læg låg på og lad det simre i cirka 1 time, indtil kyllingen er mør. Tag af gryden og dryp godt af og læg i blød i isvand, indtil kødet er helt afkølet. Dræn godt og hak i 5 cm/2 stykker. Bland alle resterende ingredienser og hæld over kyllingen. Server pyntet med salat og koriander.

Sprøde kyllingestykker

Til 4 personer

100 g/4 oz almindeligt mel (all-purpose)

knivspids salt

15 ml / 1 spsk vand

1 æg

350 g/12 oz kogt kylling, i tern

olie til stegning

Bland mel, salt, vand og æg til du har en ret stiv dej, tilsæt evt. lidt mere vand. Dyp kyllingestykkerne i dejen, indtil de er godt dækket. Varm olien op, til den er meget varm, og steg kyllingen i et par minutter, indtil den er sprød og gylden.

Kylling med grønne bønner

Til 4 personer

45 ml / 3 spsk jordnøddeolie (peanut).

450 g/1 lb kogt kylling, strimlet

5 ml / 1 tsk salt

2,5 ml / ½ tsk friskkværnet peber

225 g/8 oz grønne bønner, skåret i stykker

1 stilk selleri, skåret diagonalt

225 g/8 oz svampe, skåret i skiver

250 ml / 8 fl oz / 1 kop kyllingebouillon

30 ml / 2 spsk majsmel (majsstivelse)

60 ml / 4 spiseskefulde vand

10 ml / 2 tsk sojasovs

Varm olien op og steg kyllingen, krydr med salt og peber, indtil den bruner lidt. Tilsæt bønner, selleri og svampe og bland godt. Tilsæt bouillon, bring det i kog, læg låg på og lad det simre i 15 minutter. Bland majsmel, vand og sojasovs til en pasta, rør det i gryden og kog ved svag varme under omrøring, indtil saucen bliver klar og tykner.

Kogt kylling med ananas

Til 4 personer

45 ml / 3 spsk jordnøddeolie (peanut).
225 g/8 oz kogt kylling, skåret i tern
salt og friskkværnet peber
2 stilke selleri, skåret diagonalt
3 skiver ananas, skåret i stykker
120 ml / 4 fl oz / ½ kop kyllingebouillon
15 ml / 1 spsk sojasovs
10 ml / 2 spsk majsmel (majsstivelse)
30 ml / 2 spsk vand

Varm olien op og steg kyllingen let gylden. Smag til med salt og peber, tilsæt sellerien og steg i 2 minutter. Tilsæt ananas, bouillon og sojasovs og rør rundt i et par minutter, indtil det er gennemvarmet. Bland majsmel og vand til en pasta, rør i gryden og kog ved svag varme under omrøring, indtil saucen bliver klar og tykner.

Kylling med peberfrugt og tomater

Til 4 personer

45 ml / 3 spsk jordnøddeolie (peanut).

450 g/1 lb kogt kylling, skåret i skiver

10 ml / 2 tsk salt

5 ml / 1 tsk friskkværnet peber

1 grøn peberfrugt skåret i stykker

4 store tomater, flået og skåret i tern

250 ml / 8 fl oz / 1 kop kyllingebouillon

30 ml / 2 spsk majsmel (majsstivelse)

15 ml / 1 spsk sojasovs

120 ml / 4 fl oz / ½ kop vand

Varm olien op og steg kyllingen, krydr med salt og peber til den er gyldenbrun. Tilsæt peberfrugt og tomater. Hæld bouillon i, bring det i kog, læg låg på og lad det simre i 15 minutter. Bland majsmel, sojasovs og vand til en pasta, rør det i gryden og kog ved svag varme under omrøring, indtil saucen bliver klar og tykner.

Sesam kylling

Til 4 personer

450 g/1 lb kogt kylling, skåret i strimler

2 skiver finthakket ingefær

1 forårsløg (spidskål), finthakket

salt og friskkværnet peber

60 ml / 4 spsk risvin eller tør sherry

60 ml / 4 spsk sesamolie

10 ml / 2 tsk sukker

5 ml / 1 tsk vineddike

150 ml / ¼ pt / generøs ½ kop sojasovs

Læg kyllingen på et serveringsfad og drys med ingefær, spidskål, salt og peber. Bland vin eller sherry, sesamolie, sukker, vineddike og sojasovs. Hæld over kylling.

stegte poussiner

Til 4 personer

2 poussins, skåret i halve

45 ml / 3 spsk sojasovs

45 ml / 3 spsk risvin eller tør sherry

120 ml / 4 fl oz / ½ kop jordnøddeolie (peanut).

1 forårsløg (spidskål), finthakket

30 ml / 2 spsk hønsebouillon

10 ml / 2 tsk sukker

5 ml / 1 tsk chiliolie

5 ml / 1 tsk hvidløgspasta

salt og peber

Læg poussinerne i en skål. Bland sojasovsen og vin eller sherry, hæld over poussinerne, læg låg på og mariner i 2 timer, bast ofte. Varm olien op og steg poussinerne i cirka 20 minutter, til de er gennemstegte. Tag dem op af panden og varm olien op igen. Kom dem tilbage i gryden og steg til de er gyldenbrune. Dræn det meste af olien. Bland de resterende ingredienser, tilsæt til stegepanden og varm hurtigt op. Hæld poussinerne over inden servering.

Tyrkiet med Mangetout

Til 4 personer

60 ml / 4 spsk jordnøddeolie

2 spidskål (spidskål), hakket

2 fed hvidløg, knust

1 skive ingefærrod, hakket

225 g/8 oz kalkunbryst, skåret i strimler

225 g / 8 oz sneærter

100 g/4 oz bambusskud, skåret i strimler

50 g/2 oz vandkastanjer, skåret i strimler

45 ml / 3 spsk sojasovs

15 ml / 1 spsk risvin eller tør sherry

5 ml / 1 tsk sukker

5 ml / 1 tsk salt

15 ml / 1 spsk majsmel (majsstivelse)

Opvarm 45 ml/3 spsk olie og svits spidskål, hvidløg og ingefær let gyldne. Tilsæt kalkunen og sauter i 5 minutter. Fjern fra panden og stil til side. Varm den resterende olie op og steg sneærter, bambusskud og vandkastanjer i 3 minutter. Tilsæt sojasovsen, vin eller sherry, sukker og salt og kom kalkunen tilbage i gryden. Sauter i 1 minut. Bland majsmelet med lidt vand, rør det i gryden og kog ved svag varme under omrøring, indtil saucen bliver klar og tykner.

Kalkun med peber

Til 4 personer

4 tørrede kinesiske svampe

30 ml / 2 spsk jordnøddeolie

1 bok choy, skåret i strimler

350 g/12 oz røget kalkun, skåret i strimler

1 løg i skiver

1 rød peberfrugt skåret i strimler

1 grøn peberfrugt skåret i strimler

120 ml / 4 fl oz / ½ kop kyllingebouillon

30 ml / 2 spsk tomatpuré (pasta)

45 ml / 3 spsk vineddike

30 ml / 2 spsk sojasovs

15 ml / 1 spsk hoisinsauce

10 ml / 2 tsk majsmel (majsstivelse)

et par dråber chiliolie

Udblød svampene i varmt vand i 30 minutter og dræn derefter. Kassér stilkene og skær toppen i strimler. Varm halvdelen af olien op og steg kålen i cirka 5 minutter eller indtil den er gennemstegt. Fjern fra panden. Tilsæt kalkunen og sauter i 1 minut. Tilsæt grøntsagerne og sauter i 3 minutter. Bland bouillonen med tomatpuré, vineddike og saucer og kom på panden med kålen. Bland majsstivelsen med lidt vand, rør i gryden og bring det i kog under omrøring. Drys med chiliolie og kog ved svag varme i 2 minutter under konstant omrøring.

kinesisk stegt kalkun

Serverer 8 til 10

1 lille kalkun

600 ml / 1 pt / 2½ kopper varmt vand

10 ml / 2 tsk allehånde

500 ml / 16 fl oz / 2 kopper sojasovs

5 ml / 1 tsk sesamolie

10 ml / 2 tsk salt

45 ml / 3 spsk smør

Læg kalkunen i en stegepande og hæld det varme vand over. Tilsæt resten af ingredienserne undtagen smørret og lad det stå i 1 time, vend flere gange. Fjern kalkunen fra væsken og pensl med smør. Læg i en bradepande, dæk løst med køkkenpapir og steg i en forvarmet ovn ved 160°C/325°F/gasmærke 3 i ca. 4 timer, og dryp af og til med sojasovsvæsken. Fjern folien og lad skindet blive sprødt i de sidste 30 minutter af tilberedningen.

Kalkun med valnødder og svampe

Til 4 personer

450 g kalkunbrystfilet

salt og peber

saft af 1 appelsin

15 ml / 1 spsk almindeligt mel (all-purpose)

12 sorte valnødder syltede med saft

5 ml / 1 tsk majsmel (majsstivelse)

15 ml / 1 spsk jordnøddeolie

2 spidskål (spidskål), i tern

225 g/8 oz svampe

45 ml / 3 spsk risvin eller tør sherry

10 ml / 2 tsk sojasovs

50 g / 2 oz / ½ kop smør

25 g/1 oz pinjekerner

Skær kalkunen i 1 cm/½ tykke skiver. Drys med salt, peber og appelsinsaft og drys med mel. Dræn og skær valnødderne i halve, behold væsken, og bland væsken med majsstivelsen. Varm olien op og steg kalkunen til den er gyldenbrun. Tilsæt spidskål og champignon og svits i 2 minutter. Tilsæt vin eller sherry og sojasovs og lad det simre i 30 sekunder. Tilsæt valnødderne til majsmelblandingen, rør dem derefter i gryden og bring dem i kog. Tilsæt smørret i små flager, men lad ikke blandingen koge. Rist pinjekernerne på en tør pande til de er gyldne. Overfør kalkunblandingen til en varm serveringsfad og server pyntet med pinjekerner.

And med bambusskud

Til 4 personer

6 tørrede kinesiske svampe

1 and

50 g røget skinke, skåret i strimler

100 g/4 oz bambusskud, skåret i strimler

2 spidskål (spidskål), skåret i strimler

2 skiver ingefærrod, skåret i strimler

5 ml / 1 tsk salt

Udblød svampene i varmt vand i 30 minutter og dræn derefter. Kassér stilkene og skær toppen i strimler. Kom alle ingredienserne i en varmefast skål og læg dem i en gryde fyldt med vand, indtil de er to tredjedele af vejen op i skålen. Bring det i kog, læg låg på og lad det simre i cirka 2 timer, indtil anden er kogt, efterfyld kogende vand efter behov.

And med bønnespirer

Til 4 personer

225 g/8 oz bønnespirer

45 ml / 3 spsk jordnøddeolie (peanut).

450 g/1 lb kogt andekød

15 ml / 1 spsk østerssauce

15 ml / 1 spsk risvin eller tør sherry

30 ml / 2 spsk vand

2,5 ml / ½ tsk salt

Blancher bønnespirerne i kogende vand i 2 minutter og dræn derefter. Varm olien op, steg bønnespirerne i 30 sekunder. Tilsæt and, sauter indtil den er gennemvarme. Tilsæt de resterende ingredienser og sauter i 2 minutter for at blande smagene. Server med det samme.

Stuvet And

Til 4 personer

4 spidskål (spidskål), hakket
1 skive ingefærrod, hakket
120 ml / 4 fl oz / ½ kop sojasovs
30 ml / 2 spsk risvin eller tør sherry
1 and
120 ml / 4 fl oz / ½ kop jordnøddeolie (peanut).
600 ml / 1 pt / 2½ kopper vand
15 ml / 1 spsk brun farin

Bland spidskål, ingefær, sojasovs og vin eller sherry sammen og gnid det over anden indvendig og udvendig. Varm olien op og steg anden let brunet på alle sider. Dræn olien af. Tilsæt vand og den resterende sojasovsblanding, bring det i kog, læg låg på og lad det simre i 1 time. Tilsæt sukker, læg låg på og lad det simre i yderligere 40 minutter, indtil anden er mør.

Dampet and med selleri

Til 4 personer

350 g/12 oz kogt and, skåret i skiver
1 hoved selleri
250 ml / 8 fl oz / 1 kop kyllingebouillon
2,5 ml / ½ tsk salt
5 ml / 1 tsk sesamolie
1 tomat, skåret i tern

Læg anden på en damprist. Skær sellerien i 7,5 cm/3 lange stykker og kom i en bradepande. Hæld bouillon i, smag til med salt og læg dampkogeren over gryden. Bring bouillonen i kog og lad det simre i cirka 15 minutter, indtil sellerien er mør og anden gennemvarmet. Læg and og selleri på et opvarmet serveringsfad, drys sellerien med sesamolie og server pyntet med tomatbåde.

And med ingefær

Til 4 personer

350 g/12 oz andebryst, skåret i tynde skiver

1 æg, let pisket

5 ml / 1 tsk sojasovs

5 ml / 1 tsk majsmel (majsstivelse)

5 ml / 1 tsk jordnøddeolie

olie til stegning

50 g/2 oz bambusskud

50 g/2 oz sneærter

2 skiver ingefærrod, hakket

15 ml / 1 spsk vand

2,5 ml / ½ tsk sukker

2,5 ml / ½ tsk risvin eller tør sherry

2,5 ml / ½ tsk sesamolie

Bland anden med æg, sojasovs, majsstivelse og olie og lad den hvile i 10 minutter. Varm olien op og steg and og bambusskud, indtil de er kogte og gyldne. Tag af panden og dræn godt af. Hæld alt undtagen 15 ml/1 spsk olie fra panden og svits and, bambusskud, sneærter, ingefær, vand, sukker og vin eller sherry i 2 minutter. Server drysset med sesamolie.

And med grønne bønner

Til 4 personer

1 and

60 ml / 4 spsk jordnøddeolie

2 fed hvidløg, knust

2,5 ml / ½ tsk salt

1 hakket løg

15 ml / 1 spsk revet ingefær

45 ml / 3 spsk sojasovs

120 ml / 4 fl oz / ½ kop risvin eller tør sherry

60 ml / 4 spsk tomatsauce (ketchup)

45 ml / 3 spsk vineddike

300 ml / ½ pt / 1¼ kopper hønsebouillon

450 g/1 lb grønne bønner, skåret i skiver

knivspids friskkværnet peber

5 dråber chiliolie

15 ml / 1 spsk majsmel (majsstivelse)

30 ml / 2 spsk vand

Skær anden i 8 eller 10 stykker. Varm olien op og steg anden gylden. Overfør til en skål. Tilsæt hvidløg, salt, løg, ingefær, sojasovs, vin eller sherry, tomatsauce og vineddike. Bland, dæk til og mariner i køleskabet i 3 timer.

Varm olien op igen, tilsæt and, bouillon og marinade, bring det i kog, læg låg på og lad det simre i 1 time. Tilsæt bønnerne, læg låg på og lad dem simre i 15 minutter. Tilsæt peber og chiliolie. Bland majsmelet med vandet, rør det i gryden og kog ved svag varme under omrøring, indtil saucen tykner.

Stegt dampet and

Til 4 personer

1 and

salt og friskkværnet peber

olie til stegning

hoisinsauce

Krydr anden med salt og peber og læg den i en varmefast skål. Kom i en gryde fyldt med vand, indtil den når to tredjedele op af beholderen, bring i kog, læg låg på og lad det simre i cirka 1 og en halv time, indtil anden er mør. Dræn og lad afkøle.

Varm olien op og steg anden sprød og gylden. Fjern og dræn godt af. Skær i små stykker og server med hoisinsauce.

And med eksotiske frugter

Til 4 personer

4 andebrystfileter, skåret i strimler

2,5 ml / ½ tsk fem krydderier pulver

30 ml / 2 spsk sojasovs

15 ml / 1 spsk sesamolie

15 ml / 1 spsk jordnøddeolie

3 stilke selleri i tern

2 ananasskiver i tern

100 g/4 oz cantaloupe, skåret i tern

100 g/4 oz litchi, halveret

130 ml / 4 fl oz / ½ kop kyllingebouillon

30 ml / 2 spsk tomatpuré (pasta)

30 ml / 2 spsk hoisinsauce

10 ml / 2 tsk vineddike

knivspids brun farin

Læg anden i en skål. Bland fem-krydderi-pulveret, sojasovsen og sesamolie, hæld over anden og mariner i 2 timer under omrøring af og til. Varm olien op og steg anden i 8 minutter. Fjern fra panden. Tilsæt selleri og frugt og sauter i 5 minutter. Kom anden tilbage i gryden med resten af ingredienserne, bring det i kog og lad det simre under omrøring i 2 minutter inden servering.

Braiseret and med kinesiske blade

Til 4 personer

1 and

30 ml / 2 spsk risvin eller tør sherry

30 ml / 2 spsk hoisinsauce

15 ml / 1 spsk majsmel (majsstivelse)

5 ml / 1 tsk salt

5 ml / 1 tsk sukker

60 ml / 4 spsk jordnøddeolie

4 spidskål (spidskål), hakket

2 fed hvidløg, knust

1 skive ingefærrod, hakket

75 ml / 5 spsk sojasovs

600 ml / 1 pt / 2½ kopper vand

225 g/8 oz kinesiske blade, revet

Skær anden i cirka 6 stykker. Bland vin eller sherry, hoisinsauce, majsstivelse, salt og sukker og gnid det over anden. Lad det hvile i 1 time. Varm olien op og svits spidskål, hvidløg og ingefær i et par sekunder. Tilsæt anden og steg, indtil den er let brunet på alle sider. Dræn eventuelt overskydende fedt. Hæld sojasovsen og vand i, bring det i kog, læg låg på og lad det simre i cirka 30 minutter. Tilsæt porcelænsbladene, læg låg på igen og lad det simre i yderligere 30 minutter, indtil anden er mør.

beruset and

Til 4 personer

2 spidskål (spidskål), hakket
2 fed hvidløg, hakket
1,5 l / 2½ pts / 6 kopper vand
1 and
450 ml / ¾ pt / 2 kopper risvin eller tør sherry

Kom spidskål, hvidløg og vand i en stor gryde og bring det i kog. Tilsæt and, bring det i kog, læg låg på og lad det simre i 45 minutter. Dræn godt, behold væsken til bouillon. Lad anden køle af og stil derefter på køl natten over. Skær anden i stykker og læg dem i en stor krukke med skruetop. Hæld vin eller sherry over og stil på køl i ca. 1 uge, før den drænes og serveres afkølet.

Fem krydderier and

Til 4 personer

150 ml / ¼ pt / generøs ½ kop risvin eller tør sherry
150 ml / ¼ pt / generøs ½ kop sojasovs
1 and
10 ml/2 teskefulde fem krydderier pulver

Bring vinen eller sherryen og sojasovsen i kog. Tilsæt anden og lad det simre, vend i cirka 5 minutter. Fjern anden fra gryden og gnid femkrydderipulveret ind i skindet. Kom fuglen tilbage i gryden og tilsæt nok vand til at halvt dække anden. Bring det i kog, læg låg på og lad det simre i cirka 1 1/2 time, indtil anden er mør, vend og dryp ofte. Skær anden i 5 cm/2 stykker og server varm eller kold.

Sauteret and med ingefær

Til 4 personer

1 and

2 skiver ingefærrod, revet

2 spidskål (spidskål), hakket

15 ml / 1 spsk majsmel (majsstivelse)

30 ml / 2 spsk sojasovs

30 ml / 2 spsk risvin eller tør sherry

2,5 ml / ½ tsk salt

45 ml / 3 spsk jordnøddeolie (peanut).

Fjern kødet fra benene og skær det i stykker. Bland kødet med alle de resterende ingredienser undtagen olien. Lad det hvile i 1 time. Varm olien op og steg anden i marinaden i cirka 15 minutter til anden er mør.

And med skinke og porrer

Til 4 personer

1 and

450g/1lb røget skinke

2 porrer

2 skiver ingefærrod, hakket

45 ml / 3 spsk risvin eller tør sherry

45 ml / 3 spsk sojasovs

2,5 ml / ½ tsk salt

Læg anden i en gryde og dæk den blot med koldt vand. Bring det i kog, læg låg på og lad det simre i cirka 20 minutter. Dræn og reserver 450 ml / ¾ pts / 2 kopper bouillon. Lad anden køle lidt af, skær derefter kødet fra benene og skær det i 5 cm firkanter. Skær skinken i lignende stykker. Skær lange stykker porre og rul en skive and og skinke inde i bladet og bind med snor. Anbring i en varmebestandig beholder. Tilsæt ingefær, vin eller sherry, sojasovs og salt til den reserverede bouillon og hæld anderullerne over. Placer skålen i en gryde fyldt med vand, indtil den når to tredjedele af vejen op ad skålens sider. Bring det i kog, læg låg på og lad det simre i cirka 1 time, indtil anden er mør.

Honningstegt and

Til 4 personer

1 and

salt

3 fed hvidløg, knust

3 spidskål (spidskål), hakket

45 ml / 3 spsk sojasovs

45 ml / 3 spsk risvin eller tør sherry

45 ml / 3 spsk honning

200 ml / 7 fl oz / sparsom 1 kop kogende vand

Dup anden tør og gnid den med salt indvendigt og udvendigt. Bland hvidløg, spidskål, sojasovs og vin eller sherry sammen og del derefter blandingen i to. Bland honningen i halve og gnid den på anden og lad den derefter tørre. Tilsæt vandet til den resterende honningblanding. Hæld sojasovsblandingen i andehulen og læg den på en rist i en bradepande med lidt vand i bunden. Steg i en forvarmet ovn ved 180°C/350°F/gasmærke 4 i ca. 2 timer, indtil anden er mør, og drys under hele tilberedningen med den resterende honningblanding.

Fugtig andesteg

Til 4 personer

6 spidskål (spidskål), hakket

2 skiver ingefærrod, hakket

1 and

2,5 ml / ½ tsk stødt anis

15 ml / 1 spsk sukker

45 ml / 3 spsk risvin eller tør sherry

60 ml / 4 spsk sojasovs

250 ml / 8 fl oz / 1 kop vand

Læg halvdelen af forårsløgene og ingefæren i en stor tykbundet stegepande. Læg resten i andens hulrum og kom det i gryden. Tilsæt alle resterende ingredienser undtagen hoisinsauce, bring det i kog, læg låg på og lad det simre i ca. 1 1/2 time, vend af og til. Tag anden af gryden og lad den tørre i cirka 4 timer.

Læg anden på en rist i en bradepande fyldt med lidt koldt vand. Steg i en forvarmet ovn ved 230°C/450°F/gasmærke 8 i 15 minutter, vend derefter og steg i yderligere 10 minutter, indtil de er sprøde. I mellemtiden opvarmes den reserverede væske og hældes over anden til servering.

Sauteret and med svampe

Til 4 personer

1 and

75 ml / 5 spiseskefulde jordnøddeolie (peanut).

45 ml / 3 spsk risvin eller tør sherry

15 ml / 1 spsk sojasovs

15 ml / 1 spsk sukker

5 ml / 1 tsk salt

knivspids peber

2 fed hvidløg, knust

225 g/8 oz svampe, halveret

600 ml / 1 pt / 2½ kopper hønsebouillon

15 ml / 1 spsk majsmel (majsstivelse)

30 ml / 2 spsk vand

5 ml / 1 tsk sesamolie

Skær anden i 5 cm/2 stykker. Varm 45 ml/3 spsk olie og steg anden, indtil den er let brunet på alle sider. Tilsæt vin eller sherry, sojasovs, sukker, salt og peber og sauter i 4 minutter. Fjern fra panden. Varm den resterende olie op og steg hvidløget let gyldent. Tilsæt svampene og rør, indtil de er dækket af olie, kom derefter andeblandingen tilbage i gryden og tilsæt bouillon. Bring det i kog, læg låg på og lad det simre i cirka 1 time, indtil anden er mør. Bland majsmel og vand til en pasta, rør derefter i blandingen og kog ved svag varme under omrøring, indtil saucen tykner. Drys med sesamolie og server.

And med to svampe

Til 4 personer

6 tørrede kinesiske svampe
1 and
750 ml / 1¼ pts / 3 kopper hønsebouillon
45 ml / 3 spsk risvin eller tør sherry
5 ml / 1 tsk salt
100 g/4 oz bambusskud, skåret i strimler
100 g/4 oz svampe

Udblød svampene i varmt vand i 30 minutter og dræn derefter. Kassér stilkene og skær toppen i halve. Læg anden i en stor varmefast skål med bouillon, vin eller sherry og salt og læg den i en gryde fyldt med vand, så den kommer to tredjedele op ad skålens sider. Bring det i kog, læg låg på og lad det simre i cirka 2 timer, indtil anden er mør. Tag af panden og skær kødet fra benet. Overfør kogevæsken til en separat gryde. Læg bambusskuddene og begge typer svampe på bunden af dampkogeren, læg andekødet tilbage, læg låg på og damp i yderligere 30 minutter. Bring kogevæsken i kog og hæld anden over til servering.

Braiseret and med løg

Til 4 personer

4 tørrede kinesiske svampe

1 and

90 ml / 6 spsk sojasovs

60 ml / 4 spsk jordnøddeolie

1 forårsløg (spidskål), hakket

1 skive ingefærrod, hakket

45 ml / 3 spsk risvin eller tør sherry

450 g/1 lb løg, skåret i skiver

100 g/4 oz bambusskud, skåret i skiver

15 ml / 1 spsk brun farin

15 ml / 1 spsk majsmel (majsstivelse)

45 ml / 3 spsk vand

Udblød svampene i varmt vand i 30 minutter og dræn derefter. Kassér stilkene og skær toppen af. Gnid 15 ml/1 spsk sojasauce på anden. Reserver 15 ml / 1 spsk olie, opvarm den resterende olie og svits forårsløg og ingefær let gyldne. Tilsæt anden og steg, indtil den er let brunet på alle sider. Eliminerer overskydende fedt. Tilsæt vin eller sherry, den resterende sojasovs til gryden og nok vand til næsten at dække anden.

Bring det i kog, læg låg på og lad det simre i 1 time, vend af og til.

Opvarm den reserverede olie og steg løgene, indtil de er bløde. Fjern fra varmen og tilsæt bambusskud og champignon, tilsæt så til anden, læg låg på og lad det simre i yderligere 30 minutter, indtil anden er mør. Tag anden ud af gryden, skær den i stykker og læg den på et lunt fad. Bring væskerne i gryden i kog, tilsæt sukker og majsstivelse og lad det simre under omrøring, indtil blandingen koger og tykner. Hæld anden over til servering.

And med appelsin

Til 4 personer

1 and
3 spidskål (spidskål), skåret i stykker
2 skiver ingefærrod, skåret i strimler
1 skive appelsinskal
salt og friskkværnet peber

Læg anden i en stor gryde, dæk blot med vand og bring det i kog. Tilsæt spidskål, ingefær og appelsinskal, læg låg på og lad det simre i cirka 1 1/2 time, indtil anden er mør. Smag til med salt og peber, afdryp og server.

Stegt and med appelsin

Til 4 personer

1 and

2 fed hvidløg, skåret i halve

45 ml / 3 spsk jordnøddeolie (peanut).

1 løg

1 appelsin

120 ml / 4 fl oz / ½ kop risvin eller tør sherry

2 skiver ingefærrod, hakket

5 ml / 1 tsk salt

Gnid hvidløget over anden indvendig og udvendig og pensl derefter med olie. Prik det pillede løg med en gaffel, læg det sammen med den uskrællede appelsin inde i andens hulrum og forsegl med et spyd. Læg anden på en rist over en bradepande fyldt med lidt varmt vand og steg i en forvarmet ovn ved 160°C/325°F/gasmærke 3 i ca. 2 timer. Kassér væskerne og kom anden tilbage i bradepanden. Hæld vinen eller sherryen over og drys med ingefær og salt. Tilbage til ovnen i 30 minutter mere. Kassér løg og appelsin og skær anden i stykker til servering. Hæld pandesaft over and til servering.

And med pærer og kastanjer

Til 4 personer

225 g/8 oz kastanjer, afskallede

1 and

45 ml / 3 spsk jordnøddeolie (peanut).

250 ml / 8 fl oz / 1 kop kyllingebouillon

45 ml / 3 spsk sojasovs

15 ml / 1 spsk risvin eller tør sherry

5 ml / 1 tsk salt

1 skive ingefærrod, hakket

1 stor pære, skrællet og skåret i tykke skiver

15 ml / 1 spsk sukker

Kog kastanjerne i 15 minutter og afdryp. Skær anden i 5 cm/2 stykker Varm olien op og steg anden let brunet på alle sider. Hæld overskydende olie fra og tilsæt derefter bouillon, sojasovs, vin eller sherry, salt og ingefær. Bring i kog, læg låg på og lad det simre i 25 minutter under omrøring af og til. Tilsæt kastanjerne, læg låg på og lad det simre i yderligere 15 minutter. Drys pæren med sukker, kom i gryden og lad det simre i cirka 5 minutter, indtil den er gennemvarme.

Peking and

For 6

1 and

250 ml / 8 fl oz / 1 kop vand

120 ml / 4 fl oz / ½ kop honning

120 ml / 4 fl oz / ½ kop sesamolie

Til pandekagerne:

250 ml / 8 fl oz / 1 kop vand

225 g / 8 oz / 2 kopper almindeligt mel (all-purpose)

jordnøddeolie til stegning

Til saucerne:

120 ml / 4 fl oz / ½ kop hoisinsauce

30 ml / 2 spsk brun farin

30 ml / 2 spsk sojasovs

5 ml / 1 tsk sesamolie

6 spidskål (spidskål), skåret på langs

1 agurk skåret i strimler

Anden skal være hel med skindet intakt. Bind halsen fast med snor og sy eller tråd den nederste åbning. Skær en lille slids i siden af halsen, stik et sugerør ind og blæs luft ind under huden, indtil det puster op. Hæng anden over et bassin og lad den hvile i 1 time.

Bring en gryde med vand i kog, tilsæt anden og kog i 1 minut, fjern derefter og tør godt. Bring vandet i kog og tilsæt honningen. Gnid blandingen ind i andeskind, indtil den er mættet. Hæng anden over en beholder et køligt, luftigt sted i cirka 8 timer, indtil skindet er hårdt.

Hæng anden eller læg den på en rist over en bradepande og steg den i en forvarmet ovn ved 180°C/350°F/gasmærke 4 i cirka 1½ time, og drys jævnligt med sesamolie.

For at lave pandekagerne skal du bringe vandet i kog og derefter gradvist tilsætte melet. Ælt let til dejen er blød, dæk med et fugtigt klæde og lad den hvile i 15 minutter. Rul ud på en meldrysset overflade og form til en lang cylinder. Skær i 2,5 cm/1in skiver, flad derefter til ca. 5 mm/¼ tykke og pensl toppen med olie. Stables parvis med olierede overflader, der rører hinanden, og drys let ydersiden med mel. Rul parrene ud til ca. 10 cm brede og steg parvis i ca. 1 minut på hver side, indtil de er let brunede. Adskil og stab indtil servering.

Forbered saucerne ved at blande halvdelen af hoisinsaucen med sukkeret og blande resten af hoisinsaucen med sojasovsen og sesamolie.

Tag anden ud af ovnen, trim skindet og skær det i firkanter, og skær kødet i tern. Anret på separate tallerkener og server med pandekager, saucer og tilbehør.

Stuvet and med ananas

Til 4 personer

1 and

400 g/14 oz dåse ananas bidder i sirup

45 ml / 3 spsk sojasovs

5 ml / 1 tsk salt

knivspids friskkværnet peber

Læg anden i en tykbundet bradepande, dæk blot med vand, bring det i kog, læg låg på og lad det simre i 1 time. Dræn ananassiruppen i gryden med sojasovsen, salt og peber, læg låg på og kog ved svag varme i yderligere 30 minutter. Tilsæt ananasstykkerne og lad det simre i yderligere 15 minutter, indtil anden er mør.

Sauteret and med ananas

Til 4 personer

1 and

45 ml / 3 spsk majsmel (majsstivelse)

45 ml / 3 spsk sojasovs

225 g/8 oz dåse ananas i sirup

45 ml / 3 spsk jordnøddeolie (peanut).

2 skiver ingefærrod, skåret i strimler

15 ml / 1 spsk risvin eller tør sherry

5 ml / 1 tsk salt

Skær kødet fra benet og skær det i stykker. Bland sojasaucen med 30 ml/2 spsk majsmel og vend med anden, indtil den er godt dækket. Lad sidde i 1 time, rør af og til. Knus ananas og sirup og varm forsigtigt i en gryde. Bland det resterende majsmel med lidt vand, rør i gryden og kog ved svag varme under omrøring, indtil saucen tykner. Forbliv varm. Varm olien op og steg ingefæren let gylden og kassér derefter ingefæren. Tilsæt anden og steg, indtil den er let brunet på alle sider. Tilsæt vin eller sherry og salt og steg yderligere et par minutter, indtil anden er kogt. Læg anden på et opvarmet serveringsfad, hæld saucen over og server straks.

Ananas og ingefærand

Til 4 personer

1 and

100 g/4 oz konserveret ingefær i sirup

200 g/7 oz dåse ananas bidder i sirup

5 ml / 1 tsk salt

15 ml / 1 spsk majsmel (majsstivelse)

30 ml / 2 spsk vand

Læg anden i en varmefast skål og sænk den ned i en gryde fyldt med vand, indtil den når to tredjedele op ad skålens sider. Bring det i kog, læg låg på og lad det simre i cirka 2 timer, indtil anden er mør. Fjern anden og lad den køle lidt af. Fjern skind og ben og skær anden i stykker. Anret på en tallerken og hold den varm.

Dræn siruppen fra ingefær og ananas i en gryde, tilsæt salt, majsmel og vand. Bring det i kog, under omrøring, og lad det simre i et par minutter under omrøring, indtil saucen bliver klar og tykner. Tilsæt ingefær og ananas, rør rundt og hæld anden over til servering.

And med ananas og litchi

Til 4 personer

4 andebryst

15 ml / 1 spsk sojasovs

1 fed stjerneanis

1 skive ingefærrod

jordnøddeolie til stegning

90 ml / 6 spsk vineddike

100 g / 4 oz / ½ kop brun farin

250 ml / 8 fl oz / ½ kop kyllingebouillon

15 ml / 1 spsk tomatsauce (ketchup)

200 g/7 oz dåse ananas bidder i sirup

15 ml / 1 spsk majsmel (majsstivelse)

6 litchie på dåse

6 maraschinokirsebær

Læg ænder, sojasovs, anis og ingefær i en gryde og dæk med koldt vand. Bring det i kog, skum fedtet, læg derefter låg på og lad det simre i cirka 45 minutter, indtil anden er kogt. Dræn og tør. Steg i varm olie til de er sprøde.

Pisk imens vineddike, sukker, bouillon, tomatsauce og 30 ml/2 spsk ananassirup sammen i en gryde, bring det i kog og lad det simre i ca. 5 minutter, indtil det er tyknet. Tilsæt frugten og varm op, før den hældes over anden til servering.

And med svinekød og kastanjer

Til 4 personer

6 tørrede kinesiske svampe

1 and

225 g/8 oz kastanjer, afskallede

225 g/8 oz magert svinekød, i tern

3 spidskål (spidskål), hakket

1 skive ingefærrod, hakket

250 ml / 8 fl oz / 1 kop sojasovs

900 ml / 1½ pts / 3¾ kopper vand

Udblød svampene i varmt vand i 30 minutter og dræn derefter. Kassér stilkene og skær toppen af. Kom i en stor stegepande med alle de resterende ingredienser, bring det i kog, læg låg på og kog ved svag varme i cirka 1,5 time, indtil anden er kogt.

And med kartofler

Til 4 personer

75 ml / 5 spiseskefulde jordnøddeolie (peanut).

1 and

3 fed hvidløg, knust

30 ml / 2 spsk sort bønnesauce

10 ml / 2 tsk salt

1,2 l / 2 pts / 5 kopper vand

2 porrer, tykke skiver

15 ml / 1 spsk sukker

45 ml / 3 spsk sojasovs

60 ml / 4 spsk risvin eller tør sherry

1 fed stjerneanis

900g/2lb kartofler, tykke skiver

½ hoved kinesiske blade

15 ml / 1 spsk majsmel (majsstivelse)

30 ml / 2 spsk vand

flade bladpersillekviste

Varm 60 ml/4 spsk olie op og steg anden gyldenbrun på alle sider. Bind eller sy enden af halsen og læg anden med nakkesiden nedad i en dyb skål. Varm den resterende olie op og steg hvidløget let gyldent. Tilsæt den sorte bønnesauce og salt og sauter i 1 minut. Tilsæt vand, porrer, sukker, sojasovs, vin eller sherry og stjerneanis og bring det i kog. Hæld 120 ml / 8 fl oz / 1 kop af blandingen i andens hulrum og bind eller sy for at sikre. Bring resten af blandingen i gryden i kog. Tilsæt and og kartofler, læg låg på og lad det simre i 40 minutter, vend anden en gang. Læg de kinesiske blade på en tallerken. Tag anden ud af panden, skær den i 5 cm/2 cm stykker og læg den på serveringsfadet med kartoflerne. Bland majsmelet med vandet til en pasta, rør det i gryden og kog ved svag varme under omrøring, indtil saucen tykner.

Rød kogt and

Til 4 personer

1 and
4 spidskål (spidskål), skåret i stykker
2 skiver ingefærrod, skåret i strimler
90 ml / 6 spsk sojasovs
45 ml / 3 spsk risvin eller tør sherry
10 ml / 2 tsk salt
10 ml / 2 tsk sukker

Læg anden i en kraftig stegepande, dæk den blot med vand og bring den i kog. Tilsæt spidskål, ingefær, vin eller sherry og salt, læg låg på og lad det simre i cirka 1 time. Tilsæt sukkeret og lad det simre i yderligere 45 minutter, indtil anden er mør. Skær anden ud på et fad og server varm eller kold, med eller uden sauce.

Risvinsstegt and

Til 4 personer

1 and

500 ml / 14 fl oz / 1¾ kopper risvin eller tør sherry

5 ml / 1 tsk salt

45 ml / 3 spsk sojasovs

Læg anden i en tykbundet bradepande med sherry og salt, bring det i kog, læg låg på og lad det simre i 20 minutter. Dræn anden, gem væsken, og gnid den med sojasovs. Placer på en rist i en bradepande fyldt med lidt varmt vand og steg i en forvarmet ovn ved 180°C/350°F/gasmærke 4 i ca. 1 time, og dryp jævnligt med den reserverede vinvæske.

Dampet and med risvin

Til 4 personer

1 and

4 spidskål (spidskål), skåret i to

1 skive ingefærrod, hakket

250 ml / 8 fl oz / 1 kop risvin eller tør sherry

30 ml / 2 spsk sojasovs

knivspids salt

Blancher anden i kogende vand i 5 minutter og afdryp. Kom i en varmefast skål med de resterende ingredienser. Placer skålen i en gryde fyldt med vand, indtil den når to tredjedele af vejen op ad skålens sider. Bring det i kog, læg låg på og lad det simre i cirka 2 timer, indtil anden er mør. Kassér spidskål og ingefær inden servering.

Saltet And

Til 4 personer

45 ml / 3 spsk jordnøddeolie (peanut).

4 andebryst

3 spidskål (spidskål), skåret i skiver

2 fed hvidløg, knust

1 skive ingefærrod, hakket

250 ml / 8 fl oz / 1 kop sojasovs

30 ml / 2 spsk risvin eller tør sherry

30 ml / 2 spsk brun farin

5 ml / 1 tsk salt

450 ml / ¾ pt / 2 kopper vand

15 ml / 1 spsk majsmel (majsstivelse)

Varm olien op og steg andebrystene til de er gyldenbrune. Tilsæt spidskål, hvidløg og ingefær og svits i 2 minutter. Tilsæt sojasovs, vin eller sherry, sukker og salt og bland godt. Tilsæt vandet, bring det i kog, læg låg på og lad det simre i cirka 1½ time, indtil kødet er meget mørt. Bland majsmelet med lidt vand, rør det derefter i gryden og kog ved svag varme under omrøring, indtil saucen tykner.

Saltet and med grønne bønner

Til 4 personer

45 ml / 3 spsk jordnøddeolie (peanut).

4 andebryst

3 spidskål (spidskål), skåret i skiver

2 fed hvidløg, knust

1 skive ingefærrod, hakket

250 ml / 8 fl oz / 1 kop sojasovs

30 ml / 2 spsk risvin eller tør sherry

30 ml / 2 spsk brun farin

5 ml / 1 tsk salt

450 ml / ¾ pt / 2 kopper vand

225 g/8 oz grønne bønner

15 ml / 1 spsk majsmel (majsstivelse)

Varm olien op og steg andebrystene til de er gyldenbrune. Tilsæt spidskål, hvidløg og ingefær og svits i 2 minutter. Tilsæt sojasovs, vin eller sherry, sukker og salt og bland godt. Tilsæt vandet, bring det i kog, læg låg på og lad det simre i cirka 45 minutter. Tilsæt bønnerne, læg låg på og lad det simre i 20 minutter mere. Bland majsmelet med lidt vand, rør det derefter i gryden og kog ved svag varme under omrøring, indtil saucen tykner.

Langsomt kogt and

Til 4 personer

1 and

50 g / 2 oz / ½ kop majsmel (majsstivelse)

olie til stegning

2 fed hvidløg, knust

30 ml / 2 spsk risvin eller tør sherry

30 ml / 2 spsk sojasovs

5 ml / 1 tsk revet ingefærrod

750 ml / 1¼ pts / 3 kopper hønsebouillon

4 tørrede kinesiske svampe

225 g/8 oz bambusskud, skåret i skiver

225 g/8 oz vandkastanjer, skåret i skiver

10 ml / 2 tsk sukker

knivspids peber

5 spidskål (spidskål), skåret i skiver

Skær anden i små stykker. Reserver 30 ml/2 spsk majsmel og beklæd anden med det resterende majsmel. Fjern overskydende støv. Varm olien op og steg hvidløg og and til de er let gyldne. Tag af panden og afdryp på køkkenpapir. Læg and i en stor stegepande. Bland vinen eller sherryen, 15 ml/1 spsk sojasovs og ingefær. Tilsæt til gryden og kog ved høj varme i 2 minutter. Tilsæt halvdelen af bouillonen, bring det i kog, læg låg på og lad det simre i cirka 1 time, indtil anden er mør.

Blød i mellemtiden svampene i varmt vand i 30 minutter og dræn derefter. Kassér stilkene og skær toppen af. Tilsæt svampe, bambusskud og vandkastanjer til anden og kog under jævnlig omrøring i 5 minutter. Skum fedt fra væske. Blend den resterende bouillon, majsmel og sojasovs med sukker og peber og rør i gryden. Bring det i kog, under omrøring, og lad det derefter simre i cirka 5 minutter, indtil saucen tykner. Overfør til en varm serveringsskål og server pyntet med spidskål.

Sauteret and

Til 4 personer

1 æggehvide, let pisket

20 ml / 1½ spsk majsmel (majsstivelse)

salt

450 g/1 lb andebryst, skåret i tynde skiver

45 ml / 3 spsk jordnøddeolie (peanut).

2 spidskål (spidskål), skåret i strimler

1 grøn peberfrugt skåret i strimler

5 ml / 1 tsk risvin eller tør sherry

75 ml / 5 spsk hønsebouillon

2,5 ml / ½ tsk sukker

Pisk æggehviden med 15 ml / 1 spsk majsmel og en knivspids salt. Tilsæt den snittede and og vend indtil anden er dækket. Varm olien op og steg anden gennemstegt og gylden. Fjern anden fra gryden og dræn alt undtagen 30 ml/2 spsk olie. Tilsæt purløg og peber og svits i 3 minutter. Tilsæt vin eller sherry, bouillon og sukker og bring det i kog. Bland det resterende majsmel med lidt vand, rør det i saucen og kog ved svag varme under omrøring, indtil saucen tykner. Tilsæt and, varm op og server.

And med søde kartofler

Til 4 personer

1 and

250 ml / 8 fl oz / 1 kop jordnøddeolie (peanut).

225 g/8 oz søde kartofler, skrællet og skåret i tern

2 fed hvidløg, knust

1 skive ingefærrod, hakket

2,5 ml / ½ tsk kanel

2,5 ml / ½ tsk stødt nelliker

knivspids formalet anis

5 ml / 1 tsk sukker

15 ml / 1 spsk sojasovs

250 ml / 8 fl oz / 1 kop kyllingebouillon

15 ml / 1 spsk majsmel (majsstivelse)

30 ml / 2 spsk vand

Skær anden i 5 cm/2 stykker Varm olien op og steg kartoflerne gyldenbrune. Fjern fra panden og dræn alt undtagen 30 ml/2 spsk olie. Tilsæt hvidløg og ingefær og svits i 30 sekunder. Tilsæt anden og steg, indtil den er let brunet på alle sider. Tilsæt krydderier, sukker, sojasovs og bouillon og bring det i kog. Tilsæt kartoflerne, læg låg på og lad det simre i cirka 20 minutter, indtil anden er mør. Bland majsmelet til en pasta med vandet, rør det derefter i gryden og kog ved svag varme under omrøring, indtil saucen tykner.

sød og sur and

Til 4 personer

1 and

1,2 l / 2 pts / 5 kopper hønsebouillon

2 løg

2 gulerødder

2 fed hvidløg, skåret i skiver

15 ml / 1 spsk syltede krydderier

10 ml / 2 tsk salt

10 ml / 2 tsk jordnøddeolie

6 spidskål (spidskål), hakket

1 mango, skrællet og skåret i tern

12 litchi, skåret i to

15 ml / 1 spsk majsmel (majsstivelse)

15 ml / 1 spsk vineddike

10 ml / 2 tsk tomatpuré (pasta)

15 ml / 1 spsk sojasovs

5 ml/1 tsk fem krydderier pulver

300 ml / ½ pt / 1¼ kopper hønsebouillon

Læg anden i en dampkoger over en gryde med bouillon, løg, gulerod, hvidløg, pickle og salt. Dæk til og damp i 2 en halv time. Afkøl anden, læg låg på og lad den køle af i 6 timer. Fjern kødet fra benene og skær det i tern. Varm olien op og steg and og forårsløg til de er sprøde. Tilsæt resten af ingredienserne, bring det i kog og lad det simre i 2 minutter under omrøring, indtil saucen tykner.

mandarin and

Til 4 personer

1 and

60 ml / 4 spsk jordnøddeolie

1 stykke tørret mandarin skræl

900 ml / 1½ pt / 3¾ kopper hønsebouillon

5 ml / 1 tsk salt

Hæng anden til tørre i 2 timer. Varm halvdelen af olien op og steg anden let gylden. Overfør til en stor varmefast skål. Varm den resterende olie op og steg mandarinskrællen i 2 minutter og læg den derefter inde i anden. Hæld bouillonen over anden og smag til med salt. Stil skålen på en rist i en dampkoger, dæk til og damp i cirka 2 timer, indtil anden er mør.

And med grøntsager

Til 4 personer

1 stor and, skåret i 16 stykker

salt

300 ml / ½ pt / 1¼ kopper vand

300 ml / ½ pt / 1¼ kopper tør hvidvin

120 ml / 4 fl oz / ½ kop vineddike

45 ml / 3 spsk sojasovs

30 ml / 2 spsk blommesauce

30 ml / 2 spsk hoisinsauce

5 ml/1 tsk fem krydderier pulver

6 spidskål (spidskål), hakket

2 gulerødder hakket

5 cm / 2 hakkede hvid radise

50 g/2 oz bok choy i tern

friskkværnet peber

5 ml / 1 tsk sukker

Kom andestykkerne i en skål, drys med salt og tilsæt vand og vin. Tilsæt vineddike, sojasauce, blommesauce, hoisinsauce og femkrydderipulver, bring det i kog, læg låg på og lad det simre i ca. 1 time. Kom grøntsagerne i gryden, tag låget af og lad det simre i 10 minutter mere. Smag til med salt, peber og sukker og lad afkøle. Dæk til og stil på køl natten over. Skum fedtet af og opvarm derefter anden i saucen i 20 minutter.

Sauteret and med grøntsager

Til 4 personer

4 tørrede kinesiske svampe

1 and

10 ml / 2 tsk majsmel (majsstivelse)

15 ml / 1 spsk sojasovs

45 ml / 3 spsk jordnøddeolie (peanut).

100 g/4 oz bambusskud, skåret i strimler

50 g/2 oz vandkastanjer, skåret i strimler

120 ml / 4 fl oz / ½ kop kyllingebouillon

15 ml / 1 spsk risvin eller tør sherry

5 ml / 1 tsk salt

Udblød svampene i varmt vand i 30 minutter og dræn derefter. Kassér stilkene og skær toppene i tern. Fjern kødet fra benene og skær det i stykker. Bland majsmel og sojasovs, tilsæt andekødet og lad det hvile i 1 time. Varm olien op og steg anden let brunet på alle sider. Fjern fra panden. Tilsæt svampe, bambusskud og vandkastanjer på panden og steg i 3 minutter. Tilsæt bouillon, vin eller sherry og salt, bring det i kog og lad det simre i 3 minutter. Kom anden tilbage i gryden, læg låg på og lad det simre i 10 minutter mere, indtil anden er mør.

Hvid kogt and

Til 4 personer

1 skive ingefærrod, hakket
250 ml / 8 fl oz / 1 kop risvin eller tør sherry
salt og friskkværnet peber
1 and
3 spidskål (spidskål), hakket
5 ml / 1 tsk salt
100 g/4 oz bambusskud, skåret i skiver
100 g røget skinke, skåret i skiver

Bland ingefær, 15 ml/1 spsk vin eller sherry, lidt salt og peber. Gnid på and og lad sidde i 1 time. Læg fuglen i en tykbundet bradepande med marinaden og tilsæt forårsløg og salt. Tilsæt nok koldt vand til lige at dække anden, bring det i kog, læg låg på og lad det simre i cirka 2 timer, indtil anden er mør. Tilsæt bambusskud og skinke og lad det simre i 10 minutter mere.

And med vin

Til 4 personer

1 and

15 ml / 1 spsk gul bønnesauce

1 løg i skiver

1 flaske tør hvidvin

Gnid anden indvendig og udvendig med den gule bønnesauce. Læg løget inde i hulrummet. Bring vinen i kog i en stor gryde, tilsæt anden, kog tilbage, læg låg på og lad det simre i ca. 3 timer, indtil anden er mør. Dræn og skær i skiver til servering.

Kylling med bambusskud

Til 4 personer

45 ml / 3 spsk jordnøddeolie (peanut).
1 fed presset hvidløg
1 forårsløg (spidskål), hakket
1 skive ingefærrod, hakket
225 g/8 oz kyllingebryst, skåret i skiver
225 g/8 oz bambusskud, skåret i skiver
45 ml / 3 spsk sojasovs
15 ml / 1 spsk risvin eller tør sherry
5 ml / 1 tsk majsmel (majsstivelse)

Varm olien op og svits hvidløg, forårsløg og ingefær let gyldne. Tilsæt kyllingen og svits i 5 minutter. Tilsæt bambusskuddene og steg i 2 minutter. Tilsæt sojasovs, vin eller sherry og majsmel og sauter i cirka 3 minutter, indtil kyllingen er gennemstegt.

dampet skinke

Serverer 6 til 8

900 g/2 lb frisk skinke
30 ml / 2 spsk brun farin
60 ml / 4 spsk risvin eller tør sherry

Læg skinken i et varmefast fad på en rist, læg låg på og damp den over kogende vand i cirka 1 time. Tilsæt sukker og vin eller sherry til fadet, dæk til og damp i 1 time mere, eller indtil skinken er kogt. Lad køle af i skålen inden skæring.

Bacon med kål

Til 4 personer

4 udskæringer bacon, ringmærket og hakket
2,5 ml / ½ tsk salt
1 skive ingefærrod, hakket
½ kål, revet
75 ml / 5 spsk hønsebouillon
15 ml / 1 spsk østerssauce

Steg baconen sprød, og tag den derefter af panden. Tilsæt salt og ingefær og svits i 2 minutter. Tilsæt kålen og rør godt rundt, tilsæt derefter bacon og tilsæt bouillon, læg låg på og lad det simre i cirka 5 minutter, indtil kålen er mør, men stadig let sprød. Tilsæt østerssauce, læg låg på og lad det simre i 1 minut før servering.

Kylling med mandler

Til 4 til 6 portioner

375 ml / 13 fl oz / 1½ dl hønsebouillon

60 ml / 4 spsk risvin eller tør sherry

45 ml / 3 spsk majsmel (majsstivelse)

15 ml / 1 spsk sojasovs

4 kyllingebryst

1 æggehvide

2,5 ml / ½ tsk salt

olie til stegning

75 g / 3 oz / ½ kop blancherede mandler

1 stor gulerod i tern

5 ml / 1 tsk revet ingefærrod

6 spidskål (spidskål), skåret i skiver

3 stilke selleri, skåret i skiver

100 g/4 oz svampe, skåret i skiver

100 g/4 oz bambusskud, skåret i skiver

Bland bouillon, halvdelen af vinen eller sherryen, 30 ml/2 spsk majsmel og sojasaucen i en gryde. Bring det i kog under omrøring og lad det simre i 5 minutter, indtil blandingen tykner. Fjern fra varmen og hold varm.

Fjern skind og knogler fra kyllingen og skær i 2,5 cm/1 tomme stykker. Bland resten af vinen eller sherryen og majsstivelsen, æggehviden og salt i, tilsæt kyllingestykkerne og rør godt. Varm olien op og steg kyllingestykkerne et ad gangen i cirka 5 minutter, indtil de er gyldenbrune. Dræn godt af. Fjern alt undtagen 30 ml/2 spsk olie fra panden og svits mandlerne i 2 minutter, indtil de er gyldne. Dræn godt af. Tilsæt gulerod og ingefær til gryden og svits i 1 minut. Tilsæt de resterende grøntsager og sauter i cirka 3 minutter, indtil grøntsagerne er møre, men stadig sprøde. Kom kyllingen og mandlerne tilbage i gryden med saucen og rør ved moderat varme i et par minutter, indtil de er gennemvarme.

Kylling med mandler og vandkastanjer

Til 4 personer

6 tørrede kinesiske svampe
4 udbenede stykker kylling
100 g/4 oz malede mandler
salt og friskkværnet peber
60 ml / 4 spsk jordnøddeolie
100 g/4 oz vandkastanjer, skåret i skiver
75 ml / 5 spsk hønsebouillon
30 ml / 2 spsk sojasovs

Udblød svampene i varmt vand i 30 minutter og dræn derefter. Kassér stilkene og skær toppen af. Skær kyllingen i tynde skiver. Krydr mandlerne rigeligt med salt og peber og top kyllingeskiverne med mandlerne. Varm olien op og steg kyllingen let gylden. Tilsæt svampe, vandkastanjer, bouillon og sojasovs, bring det i kog, læg låg på og lad det simre i et par minutter, indtil kyllingen er kogt.

Kylling med mandler og grøntsager

Til 4 personer

75 ml / 5 spiseskefulde jordnøddeolie (peanut).

4 skiver ingefærrod, hakket

5 ml / 1 tsk salt

100 g/4 oz bok choy, revet

50 g/2 oz bambusskud, skåret i tern

50 g/2 oz champignon i tern

2 stilke selleri i tern

3 vandkastanjer i tern

120 ml / 4 fl oz / ½ kop kyllingebouillon

225 g/8 oz kyllingebryst, skåret i tern

15 ml / 1 spsk risvin eller tør sherry

50 g/2 oz sneærter

100 g/4 oz mandler i flager, ristede

10 ml / 2 tsk majsmel (majsstivelse)

15 ml / 1 spsk vand

Varm halvdelen af olien op og steg ingefær og salt i 30 sekunder. Tilsæt kål, bambusskud, svampe, selleri og vandkastanjer og steg i 2 minutter. Tilsæt bouillon, bring det i kog, læg låg på og lad det simre i 2 minutter. Fjern grøntsager og sauce fra panden. Varm den resterende olie op og steg kyllingen i 1 minut. Tilsæt vin eller sherry og sauter i 1 minut. Kom grøntsagerne tilbage i gryden med sneærter og mandler og lad det simre i 30 sekunder. Bland majsmel og vand til en pasta, rør i saucen og kog ved svag varme under omrøring, indtil saucen tykner.

Anis kylling

Til 4 personer

75 ml / 5 spiseskefulde jordnøddeolie (peanut).

2 løg hakket

1 fed hvidløg, hakket

2 skiver ingefærrod, hakket

15 ml / 1 spsk almindeligt mel (all-purpose)

30 ml / 2 spsk karrypulver

450 g/1 lb kylling i tern

15 ml / 1 spsk sukker

30 ml / 2 spsk sojasovs

450 ml / ¾ pt / 2 kopper hønsebouillon

2 stjerneanis nelliker

225 g/8 oz kartofler, skåret i tern

Varm halvdelen af olien op og steg løgene, indtil de er let gyldne, og tag derefter af panden. Varm den resterende olie op og steg hvidløg og ingefær i 30 sekunder. Tilsæt mel og karry og kog i 2 minutter. Kom løgene tilbage i gryden, tilsæt kyllingen og svits i 3 minutter. Tilsæt sukker, sojasovs, bouillon og anis, bring det i kog, læg låg på og lad det simre i

15 minutter. Tilsæt kartoflerne, bring dem i kog, læg låg på og lad dem simre i yderligere 20 minutter, indtil de er møre.

Kylling med abrikoser

Til 4 personer

4 stykker kylling
salt og friskkværnet peber
knivspids malet ingefær
60 ml / 4 spsk jordnøddeolie
225 g/8 oz dåse abrikoser, halveret
300 ml / ½ pt / 1¼ kopper sød og sur sauce
30 ml / 2 spsk mandler i flager, ristede

Krydr kyllingen med salt, peber og ingefær. Varm olien op og steg kyllingen let gylden. Dæk til og kog i cirka 20 minutter, indtil de er møre, vend lejlighedsvis. Dræn olien af. Kom abrikoser og sauce i gryden, bring det i kog, læg låg på og lad det simre i cirka 5 minutter, eller indtil det er gennemvarmet. Pynt med flagede mandler.

Kylling med asparges

Til 4 personer

45 ml / 3 spsk jordnøddeolie (peanut).

5 ml / 1 tsk salt

1 fed presset hvidløg

1 forårsløg (spidskål), hakket

1 kyllingebryst i skiver

30 ml / 2 spsk sort bønnesauce

350 g/12 oz asparges, skåret i 2,5 cm/1 stykker

120 ml / 4 fl oz / ½ kop kyllingebouillon

5 ml / 1 tsk sukker

15 ml / 1 spsk majsmel (majsstivelse)

45 ml / 3 spsk vand

Varm halvdelen af olien op og svits salt, hvidløg og purløg til de er let gyldne. Tilsæt kyllingen og steg indtil lys i farven. Tilsæt den sorte bønnesauce og rør rundt for at dække kyllingen. Tilsæt asparges, bouillon og sukker, bring det i kog, læg låg på og lad det simre i 5 minutter, indtil kyllingen er mør. Bland majsmel og vand til en pasta, rør det i gryden og kog ved svag varme under omrøring, indtil saucen bliver klar og tykner.

Kylling med aubergine

Til 4 personer

225 g/8 oz kylling, skåret i skiver

15 ml / 1 spsk sojasovs

15 ml / 1 spsk risvin eller tør sherry

15 ml / 1 spsk majsmel (majsstivelse)

1 aubergine (aubergine), skrællet og skåret i strimler

30 ml / 2 spsk jordnøddeolie

2 tørrede røde chilier

2 fed hvidløg, knust

75 ml / 5 spsk hønsebouillon

Læg kyllingen i en skål. Bland sojasovsen, vin eller sherry og majsstivelse, tilsæt kyllingen og lad den hvile i 30 minutter. Blancher auberginen i kogende vand i 3 minutter og dryp godt af. Varm olien op og steg peberfrugterne, indtil de er mørkere, fjern derefter og kassér dem. Tilsæt hvidløg og kylling og svits indtil de får let farve. Tilsæt bouillon og aubergine, bring det i kog, læg låg på og lad det simre i 3 minutter under omrøring af og til.

Bacon rullet kylling

Til 4 til 6 portioner

225 g/8 oz kylling i tern

30 ml / 2 spsk sojasovs

15 ml / 1 spsk risvin eller tør sherry

5 ml / 1 tsk sukker

5 ml / 1 tsk sesamolie

salt og friskkværnet peber

225 g/8 oz bacon udslæt

1 æg, let pisket

100 g/4 oz almindeligt mel (all-purpose)

olie til stegning

4 tomater, skåret i skiver

Bland kyllingen med sojasovsen, vin eller sherry, sukker, sesamolie, salt og peber. Dæk til og mariner i 1 time, rør af og til, fjern derefter kyllingen og kassér marinaden. Skær baconen i stykker og pak den rundt om kyllingeternerne. Pisk æggene med melet til en tyk dej, tilsæt eventuelt lidt mælk. Dyp ternene i dejen. Varm olien op og steg ternene gyldne og gennemstegte. Server pyntet med tomater.

Kylling med bønnespirer

Til 4 personer

45 ml / 3 spsk jordnøddeolie (peanut).

1 fed presset hvidløg

1 forårsløg (spidskål), hakket

1 skive ingefærrod, hakket

225 g/8 oz kyllingebryst, skåret i skiver

225 g/8 oz bønnespirer

45 ml / 3 spsk sojasovs

15 ml / 1 spsk risvin eller tør sherry

5 ml / 1 tsk majsmel (majsstivelse)

Varm olien op og svits hvidløg, forårsløg og ingefær let gyldne. Tilsæt kyllingen og svits i 5 minutter. Tilsæt bønnespirerne og sauter i 2 minutter. Tilsæt sojasovs, vin eller sherry og majsmel og sauter i cirka 3 minutter, indtil kyllingen er gennemstegt.

Kylling med sorte bønnesauce

Til 4 personer

30 ml / 2 spsk jordnøddeolie

5 ml / 1 tsk salt

30 ml / 2 spsk sort bønnesauce

2 fed hvidløg, knust

450 g/1 lb kylling i tern

250 ml / 8 fl oz / 1 kop bouillon

1 grøn peber skåret i tern

1 hakket løg

15 ml / 1 spsk sojasovs

friskkværnet peber

15 ml / 1 spsk majsmel (majsstivelse)

45 ml / 3 spsk vand

Varm olien op og steg salt, sorte bønner og hvidløg i 30 sekunder. Tilsæt kyllingen og sauter indtil den er let brunet. Tilsæt bouillon, bring det i kog, læg låg på og lad det simre i 10 minutter. Tilsæt peberfrugt, løg, sojasovs og peberfrugt, læg låg på og lad det simre i 10 minutter mere. Bland majsmel og vand til en pasta, tilsæt saucen og kog ved svag varme under omrøring, indtil saucen tykner og kyllingen er mør.

Kylling med broccoli

Til 4 personer

450 g/1 lb kyllingekød, i tern

225 g/8 oz kyllingelever

45 ml / 3 spsk almindeligt mel (all-purpose)

45 ml / 3 spsk jordnøddeolie (peanut).

1 løg skåret i tern

1 rød peberfrugt skåret i tern

1 grøn peber skåret i tern

225 g/8 oz broccolibuketter

4 ananasskiver i tern

30 ml / 2 spsk tomatpuré (pasta)

30 ml / 2 spsk hoisinsauce

30 ml / 2 spsk honning

30 ml / 2 spsk sojasovs

300 ml / ½ pt / 1¼ kopper hønsebouillon

10 ml / 2 tsk sesamolie

Smid kylling og kyllingelever i melet. Varm olien op og steg leveren i 5 minutter og tag den derefter af panden. Tilsæt kyllingen, læg låg på og steg ved moderat varme i 15 minutter under omrøring af og til. Tilsæt grøntsagerne og ananas og sauter i 8 minutter. Kom leverne tilbage i wokken, tilsæt de resterende ingredienser og bring det i kog. Kog ved lav varme under omrøring, indtil saucen tykner.

Kylling med kål og jordnødder

Til 4 personer

45 ml / 3 spsk jordnøddeolie (peanut).

30 ml / 2 spsk jordnødder

450 g/1 lb kylling i tern

½ kål, i tern

15 ml / 1 spsk sort bønnesauce

2 røde chili, hakket

5 ml / 1 tsk salt

Varm lidt olie op og steg peanuts i et par minutter under konstant omrøring. Fjern, dræn og mos. Varm den resterende olie op og steg kylling og kål, indtil de er let brunede. Fjern fra panden. Tilsæt sorte bønnesauce og chili og sauter i 2 minutter. Kom kyllingen og kålen tilbage i gryden med de knuste peanuts og smag til med salt. Sauter indtil de er gennemvarme og server derefter med det samme.

Kylling med cashewnødder

Til 4 personer

30 ml / 2 spsk sojasovs

30 ml / 2 spsk majsmel (majsstivelse)

15 ml / 1 spsk risvin eller tør sherry

350 g/12 oz kylling i tern

45 ml / 3 spsk jordnøddeolie (peanut).

2,5 ml / ½ tsk salt

2 fed hvidløg, knust

225 g/8 oz svampe, skåret i skiver

100 g/4 oz vandkastanjer, skåret i skiver

100g/4oz bambusskud

50 g/2 oz sneærter

225 g / 8 oz / 2 kopper cashewnødder

300 ml / ½ pt / 1¼ kopper hønsebouillon

Bland sojasovsen, majsstivelse og vin eller sherry, hæld over kyllingen, læg låg på og lad marinere i mindst 1 time. Opvarm 30 ml/2 spsk olie med salt og hvidløg og steg indtil hvidløget er let gyldent. Tilsæt kyllingen med marinaden og svits i 2 minutter, indtil kyllingen er let brunet. Tilsæt svampe, vandkastanjer, bambusskud og sneærter og steg i 2 minutter.

Varm imens den resterende olie op i en separat gryde og steg cashewnødderne ved svag varme i et par minutter, indtil de er gyldenbrune. Kom dem i gryden med bouillon, bring dem i kog, læg låg på og lad dem simre i 5 minutter. Hvis saucen ikke er tyknet nok, tilsættes lidt majsmel blandet med en spiseskefuld vand og der røres til saucen tykner og bliver klar.

Kylling med kastanjer

Til 4 personer

225 g/8 oz kylling, skåret i skiver

5 ml / 1 tsk salt

15 ml / 1 spsk sojasovs

olie til stegning

250 ml / 8 fl oz / 1 kop kyllingebouillon

200 g/7 oz vandkastanjer, hakket

225 g/8 oz kastanjer, hakket

225 g/8 oz champignon, delt i kvarte

15 ml / 1 spsk hakket frisk persille

Drys kyllingen med salt og sojasovs og gnid den godt ind i kyllingen. Varm olien op og steg kyllingen, til den er gylden, fjern den og afdryp den. Læg kyllingen i en gryde med bouillon, bring det i kog og lad det simre i 5 minutter. Tilsæt vandkastanjerne, kastanjerne og champignonerne, læg låg på og lad det simre i cirka 20 minutter, indtil det hele er mørt. Server pyntet med persille.

Krydret kylling

Til 4 personer

350 g/1 pund kyllingekød, i tern

1 æg, let pisket

10 ml / 2 tsk sojasovs

2,5 ml / ½ tsk majsmel (majsstivelse)

olie til stegning

1 grøn peber skåret i tern

4 fed hvidløg, knust

2 røde chilier, revet

5 ml / 1 tsk friskkværnet peber

5 ml / 1 tsk vineddike

5 ml / 1 tsk vand

2,5 ml / ½ tsk sukker

2,5 ml / ½ tsk chiliolie

2,5 ml / ½ tsk sesamolie

Bland kyllingen med ægget, halvdelen af soyasovsen og majsstivelsen og lad det hvile i 30 minutter. Varm olien op og steg kyllingen til den er gyldenbrun og dryp godt af. Hæld alt undtagen 15 ml/1 spsk olie fra panden, tilsæt peber, hvidløg og chili og steg i 30 sekunder. Tilsæt peber, vineddike, vand og sukker og sauter i 30 sekunder. Kom kyllingen tilbage i gryden og svits i et par minutter, indtil den er gennemstegt. Server drysset med chili og sesamolie.

Sauteret kylling med Chile

Til 4 personer

225 g/8 oz kylling, skåret i skiver

2,5 ml / ½ tsk sojasovs

2,5 ml / ½ tsk sesamolie

2,5 ml / ½ tsk risvin eller tør sherry

5 ml / 1 tsk majsmel (majsstivelse)

salt

45 ml / 3 spsk jordnøddeolie (peanut).

100 g/4 oz spinat

4 spidskål (spidskål), hakket

2,5 ml / ½ tsk chilipulver

15 ml / 1 spsk vand

1 skiveskåret tomat

Bland kyllingen med sojasovsen, sesamolie, vin eller sherry, halvdelen af majsstivelsen og en knivspids salt. Lad det hvile i 30 minutter. Varm 15 ml/1 spsk olie op og steg kyllingen, indtil den er let gylden. Fjern fra wok. Opvarm 15 ml/1 spsk olie og steg spinaten, indtil den er visnet, og tag den derefter ud af wokken. Varm den resterende olie op og steg forårsløg, chilipulver, vand og resterende majsmel i 2 minutter. Tilsæt kyllingen og sauter hurtigt. Anret spinaten omkring en varm serveringsfad, top med kyllingen og server pyntet med tomater.

Kyllingekotelet Suey

Til 4 personer

100 g/4 oz kinesiske blade, revet

100 g/4 oz bambusskud, skåret i strimler

60 ml / 4 spsk jordnøddeolie

3 spidskål (spidskål), skåret i skiver

2 fed hvidløg, knust

1 skive ingefærrod, hakket

225 g/8 oz kyllingebryst, skåret i strimler

45 ml / 3 spsk sojasovs

15 ml / 1 spsk risvin eller tør sherry

5 ml / 1 tsk salt

2,5 ml / ½ tsk sukker

friskkværnet peber

15 ml / 1 spsk majsmel (majsstivelse)

Blancher de kinesiske blade og bambusskud i kogende vand i 2 minutter. Dræn og tør. Varm 45 ml/3 spsk olie op og steg løg, hvidløg og ingefær let gyldne. Tilsæt kyllingen og svits i 4 minutter. Fjern fra panden. Varm den resterende olie op og steg grøntsagerne i 3 minutter. Tilsæt kylling, sojasovs, vin eller sherry, salt, sukker og en knivspids peber og sauter i 1 minut. Bland majsmelet med lidt vand, rør det i saucen og kog ved svag varme under omrøring, indtil saucen bliver klar og tykner.

Kylling chow mein

Til 4 personer

30 ml / 2 spsk jordnøddeolie

2 fed hvidløg, knust

450 g/1 lb kylling, skåret i skiver

225 g/8 oz bambusskud, skåret i skiver

100 g selleri, skåret i skiver

225 g/8 oz svampe, skåret i skiver

450 ml / ¾ pt / 2 kopper hønsebouillon

225 g/8 oz bønnespirer

4 løg, skåret i tern

30 ml / 2 spsk sojasovs

30 ml / 2 spsk majsmel (majsstivelse)

225 g/8 oz tørrede kinesiske nudler

Varm olien op med hvidløget, til det er let gyldent, tilsæt derefter kyllingen og steg i 2 minutter, indtil det er let gyldent. Tilsæt bambusskud, selleri og svampe og steg i 3 minutter. Tilsæt det meste af bouillonen, bring det i kog, læg låg på og lad det simre i 8 minutter. Tilsæt bønnespirer og løg og lad det simre i 2 minutter under omrøring, indtil der er lidt bouillon tilbage. Bland den resterende bouillon med sojasovsen og majsstivelsen. Rør det i gryden og kog ved svag varme under omrøring, indtil saucen bliver klar og tykner.

Kog imens nudlerne i kogende saltet vand i et par minutter efter anvisningen på pakken. Dræn godt af, bland med kyllingeblandingen og server straks.

Sprød krydret kylling

Til 4 personer

450 g/1 lb kyllingekød, skåret i stykker

30 ml / 2 spsk sojasovs

30 ml / 2 spsk blommesauce

45 ml / 3 spsk mango chutney

1 fed presset hvidløg

2,5 ml / ½ tsk malet ingefær

et par dråber brandy

30 ml / 2 spsk majsmel (majsstivelse)

2 sammenpisket æg

100 g / 4 oz / 1 kop tørre brødkrummer

30 ml / 2 spsk jordnøddeolie

6 spidskål (spidskål), hakket

1 rød peberfrugt skåret i tern

1 grøn peber skåret i tern

30 ml / 2 spsk sojasovs

30 ml / 2 spsk honning

30 ml / 2 spsk vineddike

Læg kyllingen i en skål. Bland saucer, chutney, hvidløg, ingefær og brandy, hæld over kyllingen, læg låg på og lad marinere i 2 timer. Dræn kyllingen og drys med majsmel. Dæk med æg og derefter brødkrummer. Varm olien op og steg kyllingen til den er gyldenbrun. Fjern fra panden. Tilsæt grøntsagerne og sauter i 4 minutter og fjern derefter. Hæld olien fra gryden og kom derefter kyllingen og grøntsagerne tilbage i gryden med de resterende ingredienser. Bring i kog og varm op inden servering.

Stegt kylling med agurk

Til 4 personer

225 g/8 oz kyllingekød

1 æggehvide

2,5 ml / ½ tsk majsmel (majsstivelse)

salt

½ agurk

30 ml / 2 spsk jordnøddeolie

100 g/4 oz svampe

50 g/2 oz bambusskud, skåret i strimler

50 g/2 oz skinke, skåret i tern

15 ml / 1 spsk vand

2,5 ml / ½ tsk salt

2,5 ml / ½ tsk risvin eller tør sherry

2,5 ml / ½ tsk sesamolie

Skær kyllingen i skiver og skær den i stykker. Bland med æggehvide, majsstivelse og salt og lad det hvile. Skær agurken i halve på langs og skær diagonalt i tykke skiver. Varm olien op og steg kyllingen, indtil den er let brun, og tag den derefter af panden. Tilsæt agurk og bambusskud og steg i 1 minut. Kom kyllingen tilbage i gryden med skinke, vand, salt og vin eller sherry. Bring det i kog og lad det simre til kyllingen er mør. Server drysset med sesamolie.

Kylling karry med chili

Til 4 personer

120 ml / 4 fl oz / ½ kop jordnøddeolie (peanut).

4 stykker kylling

1 hakket løg

5 ml / 1 tsk karrypulver

5 ml/1 tsk chilisauce

15 ml / 1 spsk risvin eller tør sherry

2,5 ml / ½ tsk salt

600 ml / 1 pt / 2½ kopper hønsebouillon

15 ml / 1 spsk majsmel (majsstivelse)

45 ml / 3 spsk vand

5 ml / 1 tsk sesamolie

Varm olien op og steg kyllingestykkerne til de er gyldenbrune på begge sider og tag dem derefter af panden. Tilsæt løg, karry og chilisauce og svits i 1 minut. Tilsæt vin eller sherry og salt, rør godt rundt, og vend derefter kyllingen tilbage i gryden og rør igen. Tilsæt bouillon, bring det i kog og lad det simre i cirka 30 minutter, indtil kyllingen er mør. Hvis saucen ikke er reduceret nok, blandes majsmel og vand til en pasta, tilsæt lidt til saucen og lad det simre under omrøring, indtil saucen tykner. Server drysset med sesamolie.

Kinesisk karry kylling

Til 4 personer

45 ml / 3 spsk karrypulver

1 løg i skiver

350 g / 12 oz kylling i tern

150 ml / ¼ pt / generøs ½ kop hønsebouillon

5 ml / 1 tsk salt

10 ml / 2 tsk majsmel (majsstivelse)

15 ml / 1 spsk vand

Varm karry og løg i en tør stegepande i 2 minutter, ryst panden for at dække løget. Tilsæt kyllingen og rør, indtil det er godt dækket af karrypulver. Tilsæt bouillon og salt, bring det i kog, læg låg på og lad det simre i cirka 5 minutter, indtil kyllingen er mør. Bland majsmel og vand til en pasta, rør i gryden og kog ved svag varme under omrøring, indtil saucen tykner.

Hurtig kylling karry

Til 4 personer

450 g/1 lb kyllingebryst, i tern

45 ml / 3 spsk risvin eller tør sherry

50 g/2 oz majsmel (majsstivelse)

1 æggehvide

salt

150 ml / ¼ pt / generøs ½ kop peanut (peanut) olie

15 ml / 1 spsk karrypulver

10 ml / 2 tsk brun farin

150 ml / ¼ pt / generøs ½ kop hønsebouillon

Bland kyllingetern og sherry i. Reserver 10 ml / 2 teskefulde majsmel. Pisk æggehviden med det resterende majsmel og en knivspids salt og bland derefter med kyllingen, indtil den er godt dækket. Varm olien op og steg kyllingen til den er gennemstegt og gylden. Fjern fra gryden og dræn alt undtagen 15 ml/1 spsk olie. Tilsæt det reserverede majsmel, karry og sukker og steg i 1 minut. Tilsæt bouillon, bring det i kog og lad det simre under konstant omrøring, indtil saucen tykner. Kom kyllingen tilbage i gryden, rør rundt og varm den op igen før servering.

Karry kylling med kartofler

Til 4 personer

45 ml / 3 spsk jordnøddeolie (peanut).

2,5 ml / ½ tsk salt

1 fed presset hvidløg

750 g/1½ lb kylling i tern

225 g/8 oz kartofler, i tern

4 løg, skåret i tern

15 ml / 1 spsk karrypulver

450 ml / ¾ pt / 2 kopper hønsebouillon

225 g/8 oz svampe, skåret i skiver

Varm olien op med salt og hvidløg, tilsæt kyllingen og steg den let gylden. Tilsæt kartofler, løg og karry og svits i 2 minutter. Tilsæt bouillon, bring det i kog, læg låg på og lad det simre i cirka 20 minutter, indtil kyllingen er kogt, under omrøring af og til. Tilsæt svampene, tag låget af og lad det simre i yderligere 10 minutter, indtil væsken er reduceret.

stegte kyllingelår

Til 4 personer

2 store kyllingelår, udbenet

2 purløg (spidskål)

1 skive ingefær, rystet

120 ml / 4 fl oz / ½ kop sojasovs

5 ml / 1 tsk risvin eller tør sherry

olie til stegning

5 ml / 1 tsk sesamolie

friskkværnet peber

Fordel kyllingekødet og fordel det hele. Pisk 1 forårsløg og hak det andet. Bland de knuste forårsløg med ingefær, sojasovs og vin eller sherry. Hæld kyllingen over og lad marinere i 30 minutter. Fjern og dræn. Læg på en tallerken på en damprist og damp i 20 minutter.

Varm olien op og steg kyllingen i cirka 5 minutter, indtil den er gyldenbrun. Tag af panden, dryp godt af og skær i tykke skiver, og læg derefter skiverne på en varm serveringsfad. Varm sesamolien op, tilsæt hakket purløg og peber, hæld over kyllingen og server.

Stegt kylling med karrysauce

Til 4 personer

1 æg, let pisket

30 ml / 2 spsk majsmel (majsstivelse)

25 g / 1 oz / ¼ kop almindeligt mel (all-purpose)

2,5 ml / ½ tsk salt

225 g/8 oz kylling i tern

olie til stegning

30 ml / 2 spsk jordnøddeolie

30 ml / 2 spsk karrypulver

60 ml / 4 spsk risvin eller tør sherry

Pisk ægget med majsstivelse, mel og salt, indtil du får en tyk dej. Hæld over kyllingen og vend godt til belægning. Varm olien op og steg kyllingen til den er gylden og gennemstegt. Varm imens olien op og steg karrypulveret i 1 minut. Tilsæt vin eller sherry og bring det i kog. Læg kyllingen på en varm tallerken og hæld karrysaucen over.

beruset kylling

Til 4 personer

450 g/1lb kyllingefilet, skåret i stykker

60 ml / 4 spsk sojasovs

30 ml / 2 spsk hoisinsauce

30 ml / 2 spsk blommesauce

30 ml / 2 spsk vineddike

2 fed hvidløg, knust

knivspids salt

et par dråber chiliolie

2 æggehvider

60 ml / 4 spsk majsmel (majsstivelse)

olie til stegning

200 ml / ½ pt / 1¼ kopper risvin eller tør sherry

Læg kyllingen i en skål. Bland saucer og vineddike, hvidløg, salt og chiliolie, hæld over kyllingen og lad det marinere i køleskabet i 4 timer. Pisk æggehviderne stive og tilsæt majsstivelsen. Fjern kyllingen fra marinaden og overtræk med æggehvideblandingen. Varm olien op og steg kyllingen til den er gennemstegt og gylden. Dræn godt af på køkkenpapir og kom i en skål. Hæld vinen eller sherryen over, dæk til og lad det marinere i køleskabet i 12 timer. Fjern kyllingen fra vinen og server kold.

Saltet kylling med æg

Til 4 personer

30 ml / 2 spsk jordnøddeolie

4 stykker kylling

2 spidskål (spidskål), hakket

1 fed presset hvidløg

1 skive ingefærrod, hakket

175 ml / 6 fl oz / ¾ kop sojasovs

30 ml / 2 spsk risvin eller tør sherry

30 ml / 2 spsk brun farin

5 ml / 1 tsk salt

375 ml / 13 fl oz / 1½ kopper vand

4 hårdkogte æg

15 ml / 1 spsk majsmel (majsstivelse)

Varm olien op og steg kyllingestykkerne til de er gyldenbrune. Tilsæt spidskål, hvidløg og ingefær og svits i 2 minutter. Tilsæt sojasovsen, vin eller sherry, sukker og salt og rør godt. Tilsæt vandet og bring det i kog, læg låg på og lad det simre i 20 minutter. Tilsæt de hårdkogte æg, læg låg på og kog i 15 minutter mere. Bland majsmelet med lidt vand, rør det i saucen og kog ved svag varme under omrøring, indtil saucen bliver klar og tykner.

Kyllingeæggeruller

Til 4 personer

4 tørrede kinesiske svampe

100 g kylling, skåret i strimler

5 ml / 1 tsk majsmel (majsstivelse)

15 ml / 1 spsk sojasovs

2,5 ml / ½ tsk salt

2,5 ml / ½ tsk sukker

60 ml / 4 spsk jordnøddeolie

225 g/8 oz bønnespirer

3 spidskål (spidskål), hakket

100 g/4 oz spinat

12 æggerulleskind

1 sammenpisket æg

olie til stegning

Udblød svampene i varmt vand i 30 minutter og dræn derefter. Kassér stilkene og hak toppen. Læg kyllingen i en skål. Bland majsmelet med 5ml/1 tsk sojasovs, salt og sukker og tilsæt kyllingen. Lad hvile i 15 minutter. Varm halvdelen af olien op og steg kyllingen let gylden. Blancher bønnespirerne i kogende vand i 3 minutter og dræn derefter. Varm den resterende olie op og steg forårsløgene, til de er let gyldne. Tilsæt svampe, bønnespirer, spinat og resten af sojasaucen. Tilsæt kylling og svits i 2 minutter. Lad afkøle. Læg lidt fyld i midten af hvert skind og pensl kanterne med sammenpisket æg. Fold siderne ind og rul derefter æggerullerne sammen, forsegl kanterne med æg. Varm olien op og steg æggerullerne sprøde og gyldne.

Stuvet kylling med æg

Til 4 personer

30 ml / 2 spsk jordnøddeolie
4 kyllingebrystfileter, skåret i strimler
1 rød peberfrugt skåret i strimler
1 grøn peberfrugt skåret i strimler
45 ml / 3 spsk sojasovs
45 ml / 3 spsk risvin eller tør sherry
250 ml / 8 fl oz / 1 kop kyllingebouillon
100 g/4 oz icebergsalat, revet
5 ml / 1 tsk brun farin
30 ml / 2 spsk hoisinsauce
salt og peber
15 ml / 1 spsk majsmel (majsstivelse)
30 ml / 2 spsk vand
4 æg
30 ml / 2 spsk sherry

Varm olien op og steg kylling og peberfrugt til de er gyldenbrune. Tilsæt sojasovs, vin eller sherry og bouillon, bring det i kog, læg låg på og lad det simre i 30 minutter. Tilsæt salat, sukker og hoisinsauce og smag til med salt og peber. Bland majsmel og vand, bland med saucen og bring det i kog under omrøring. Pisk æggene med sherryen og steg dem til tynde omeletter. Drys med salt og peber og skær i strimler. Anret på et lunt serveringsfad og hæld over kyllingen.

Fjernøstlig kylling

Til 4 personer

60 ml / 4 spsk jordnøddeolie

450 g/1 lb kyllingekød, skåret i stykker

2 fed hvidløg, knust

2,5 ml / ½ tsk salt

2 løg hakket

2 stykker stilk ingefær, hakket

45 ml / 3 spsk sojasovs

30 ml / 2 spsk hoisinsauce

45 ml / 3 spsk risvin eller tør sherry

300 ml / ½ pt / 1¼ kopper hønsebouillon

5 ml / 1 tsk friskkværnet peber

6 hårdkogte æg, hakket

15 ml / 1 spsk majsmel (majsstivelse)

15 ml / 1 spsk vand

Varm olien op og steg kyllingen til den er gyldenbrun. Tilsæt hvidløg, salt, løg og ingefær og svits i 2 minutter. Tilsæt sojasauce, hoisinsauce, vin eller sherry, bouillon og peber. Bring det i kog, læg låg på og lad det simre i 30 minutter.

Tilsæt æggene. Bland majsmel og vand og rør det i saucen. Bring det i kog og lad det simre under omrøring, indtil saucen tykner.

Foo Yung kylling

Til 4 personer

6 sammenpisket æg

45 ml / 3 spsk majsmel (majsstivelse)

100 g/4 oz svampe, groft hakkede

225 g/8 oz kyllingebryst, skåret i tern

1 løg finthakket

5 ml / 1 tsk salt

45 ml / 3 spsk jordnøddeolie (peanut).

Pisk æggene og tilsæt derefter majsmel. Tilsæt alle de resterende ingredienser undtagen olie. Varm olien op. Hæld blandingen i gryden lidt efter lidt for at lave små pandekager ca. 7,5 cm brede. Kog til bunden er gyldenbrun, vend derefter og steg den anden side.

Skinke og kylling Foo Yung

Til 4 personer

6 sammenpisket æg

45 ml / 3 spsk majsmel (majsstivelse)

100 g skinke i tern

225 g/8 oz kyllingebryst, skåret i tern

3 spidskål (spidskål), finthakket

5 ml / 1 tsk salt

45 ml / 3 spsk jordnøddeolie (peanut).

Pisk æggene og tilsæt derefter majsmel. Tilsæt alle de resterende ingredienser undtagen olie. Varm olien op. Hæld blandingen i gryden lidt efter lidt for at lave små pandekager ca. 7,5 cm brede. Kog til bunden er gyldenbrun, vend derefter og steg den anden side.

Ingefærstegt kylling

Til 4 personer

1 kylling, skåret i halve

4 skiver ingefærrod, knust

30 ml / 2 spsk risvin eller tør sherry

30 ml / 2 spsk sojasovs

5 ml / 1 tsk sukker

olie til stegning

Læg kyllingen i en lav skål. Bland ingefær, vin eller sherry, sojasovs og sukker, hæld over kyllingen og gnid ind i skindet. Lad macerere i 1 time. Varm olien op og steg kyllingen, halvt ad gangen, indtil den er letfarvet. Fjern olien og lad den køle lidt af, mens du genopvarmer olien. Kom kyllingen tilbage i gryden og steg til den er gyldenbrun og gennemstegt. Dræn godt af inden servering.

Ingefær kylling

Til 4 personer

225 g/8 oz kylling, skåret i tynde skiver

1 æggehvide

knivspids salt

2,5 ml / ½ tsk majsmel (majsstivelse)

15 ml / 1 spsk jordnøddeolie

10 skiver ingefærrod

6 svampe, skåret i halve

1 gulerod skåret i skiver

2 spidskål (spidskål), skåret i skiver

5 ml / 1 tsk risvin eller tør sherry

5 ml / 1 tsk vand

2,5 ml / ½ tsk sesamolie

Bland kyllingen med æggehviden, salt og majsstivelse. Varm halvdelen af olien op og steg kyllingen, indtil den er let brunet, og tag den derefter af panden. Varm den resterende olie op og steg ingefær, champignon, gulerod og spidskål i 3 minutter. Kom kyllingen tilbage i gryden med vin eller sherry og vand og lad det simre, indtil kyllingen er mør. Server drysset med sesamolie.

Ingefærkylling med champignon og kastanjer

Til 4 personer

60 ml / 4 spsk jordnøddeolie

225 g/8 oz løg, skåret i skiver

450 g/1 lb kyllingekød, i tern

100 g/4 oz svampe, skåret i skiver

30 ml / 2 spsk almindeligt mel (all-purpose)

60 ml / 4 spsk sojasovs

10 ml / 2 tsk sukker

salt og friskkværnet peber

900 ml / 1½ pt / 3¾ kopper varmt vand

2 skiver ingefærrod, hakket

450 g/1 pund vandkastanjer

Varm halvdelen af olien op og steg løgene i 3 minutter og tag dem derefter af panden. Varm den resterende olie op og steg kyllingen, til den er let gylden.

Tilsæt svampene og kog i 2 minutter. Drys blandingen med mel og tilsæt derefter sojasauce, sukker, salt og peber. Hæld vand og ingefær, løg og kastanjer i. Bring det i kog, læg låg på og lad det simre i 20 minutter. Tag låget af og fortsæt med at simre, indtil saucen er reduceret.

gylden kylling

Til 4 personer

8 små stykker kylling
300 ml / ½ pt / 1¼ kopper hønsebouillon
45 ml / 3 spsk sojasovs
15 ml / 1 spsk risvin eller tør sherry
5 ml / 1 tsk sukker
1 ingefærrod i skiver, hakket

Kom alle ingredienserne i en stor stegepande, bring det i kog, læg låg på og lad det simre i cirka 30 minutter, indtil kyllingen er gennemstegt. Tag låget af og fortsæt med at simre, indtil saucen er reduceret.

Marineret gylden kyllingegryderet

Til 4 personer

4 stykker kylling

300 ml / ½ pt / 1¼ kopper sojasovs

olie til stegning

4 spidskål (spidskål), skåret i tykke skiver

1 skive ingefærrod, hakket

2 røde chili, skåret i skiver

3 nelliker stjerneanis

50 g/2 oz bambusskud, skåret i skiver

150 ml / 1½ pt / generøs ½ kop hønsebouillon

30 ml / 2 spsk majsmel (majsstivelse)

60 ml / 4 spiseskefulde vand

5 ml / 1 tsk sesamolie

Skær kyllingen i store stykker og mariner i soyasaucen i 10 minutter. Fjern og dræn, behold sojasovsen. Varm olien op og steg kyllingen i cirka 2 minutter, til den er let gylden. Fjern og dræn. Hæld alt undtagen 30 ml/2 spsk olie i, tilsæt derefter spidskål, ingefær, chili og stjerneanis og steg i 1 minut. Kom kyllingen tilbage i gryden med bambusskuddene og reserveret sojasovs og tilsæt nok bouillon til at dække kyllingen. Bring det i kog og lad det simre i cirka 10 minutter, indtil kyllingen er mør. Fjern kyllingen fra saucen med en hulske og læg den på et lunt serveringsfad. Si saucen og kom den derefter tilbage i gryden. Bland majsmel og vand til en pasta, tilsæt saucen og kog ved svag varme under omrøring, indtil saucen tykner.

Guldmønter

Til 4 personer

4 kyllingebrystfileter

30 ml / 2 spsk honning

30 ml / 2 spsk vineddike

30 ml / 2 spsk tomatsauce (ketchup)

30 ml / 2 spsk sojasovs

knivspids salt

2 fed hvidløg, knust

5 ml/1 tsk fem krydderier pulver

45 ml / 3 spsk almindeligt mel (all-purpose)

2 sammenpisket æg

5 ml / 1 tsk revet ingefær

5 ml / 1 tsk revet citronskal

100 g / 4 oz / 1 kop tørre brødkrummer

olie til stegning

Kom kyllingen i en skål. Bland honning, vineddike, ketchup, sojasauce, salt, hvidløg og pulver med fem krydderier. Hæld kyllingen over, rør godt rundt, læg låg på og mariner i køleskabet i 12 timer.

Fjern kyllingen fra marinaden og skær den i tykke strimler. Drys med mel. Pisk æg, ingefær og citronskal. Beklæd kyllingen med blandingen og derefter brødkrummerne, indtil den er jævn. Varm olien op og steg kyllingen til den er gylden.

Dampet kylling med skinke

Til 4 personer

4 portioner kylling

100 g/4 oz røget skinke, hakket

3 spidskål (spidskål), hakket

15 ml / 1 spsk jordnøddeolie

salt og friskkværnet peber

15 ml / 1 spsk fladbladpersille

Skær kyllingeportionerne i 5 cm/1 stykker og læg dem i en varmefast skål med skinke og purløg. Drys med olie og smag til med salt og peber, og bland derefter ingredienserne forsigtigt. Stil skålen på en rist i en dampkoger, dæk til og damp over kogende vand i cirka 40 minutter, indtil kyllingen er mør. Server pyntet med persille.

Kylling med Hoisinsauce

Til 4 personer

4 portioner kylling, skåret i halve

50 g / 2 oz / ½ kop majsmel (majsstivelse)

olie til stegning

10 ml / 2 tsk revet ingefærrod

2 løg hakket

225 g/8 oz broccolibuketter

1 rød peber hakket

225 g/8 oz svampe

250 ml / 8 fl oz / 1 kop kyllingebouillon

45 ml / 3 spsk risvin eller tør sherry

45 ml / 3 spsk cidereddike

45 ml / 3 spsk hoisinsauce

20 ml / 4 teskefulde sojasovs

Overtræk kyllingestykkerne med halvdelen af majsmelet. Varm olien op og steg kyllingestykkerne et ad gangen i cirka 8 minutter, til de er gyldenbrune og gennemstegte. Tag af panden og afdryp på køkkenpapir. Fjern alt undtagen 30 ml/2 spsk olie fra panden og svits ingefæren i 1 minut. Tilsæt løgene og sauter i 1 minut. Tilsæt broccoli, peber og svampe og svits i 2 minutter. Kombiner bouillon med reserveret majsmel og de resterende ingredienser og tilsæt til stegepanden. Bring i kog under omrøring og kog indtil saucen er klar. Sæt kyllingen tilbage i wokken og kog under omrøring i cirka 3 minutter, indtil den er gennemvarmet.

Honning kylling

Til 4 personer

30 ml / 2 spsk jordnøddeolie

4 stykker kylling

30 ml / 2 spsk sojasovs

120 ml / 4 fl oz / ½ kop risvin eller tør sherry

30 ml / 2 spsk honning

5 ml / 1 tsk salt

1 forårsløg (spidskål), hakket

1 skive ingefærrod, finthakket

Varm olien op og steg kyllingen gyldenbrun på alle sider. Tøm overskydende olie. Bland de resterende ingredienser og hæld dem i gryden. Bring det i kog, læg låg på og lad det simre i cirka 40 minutter, indtil kyllingen er gennemstegt.

Kung Pao kylling

Til 4 personer

450 g / 1 lb kylling i tern

1 æggehvide

5 ml / 1 tsk salt

30 ml / 2 spsk majsmel (majsstivelse)

60 ml / 4 spsk jordnøddeolie

25 g / 1 oz tørrede røde chilier, trimmet

5 ml / 1 tsk hakket hvidløg

15 ml / 1 spsk sojasovs

15 ml / 1 spsk risvin eller tør sherry 5 ml / 1 tsk sukker

5 ml / 1 tsk vineddike

5 ml / 1 tsk sesamolie

30 ml / 2 spsk vand

Læg kyllingen i en skål med æggehviden, salt og halvdelen af majsstivelsen og lad det marinere i 30 minutter. Varm olien op og steg kyllingen, indtil den er let brunet, og tag den derefter af panden. Varm olien op igen og svits peberfrugt og hvidløg i 2 minutter. Kom kyllingen tilbage i gryden med sojasovsen, vin eller sherry, sukker, vineddike og sesamolie og sauter i 2 minutter. Bland det resterende majsmel med vandet, rør det i gryden og kog ved svag varme under omrøring, indtil saucen bliver klar og tyk.

Kylling med porrer

Til 4 personer

30 ml / 2 spsk jordnøddeolie

5 ml / 1 tsk salt

225 g porrer, skåret i skiver

1 skive ingefærrod, hakket

225 g/8 oz kylling, skåret i tynde skiver

15 ml / 1 spsk risvin eller tør sherry

15 ml / 1 spsk sojasovs

Varm halvdelen af olien op og steg salt og porrer let gyldne, tag derefter af panden. Varm den resterende olie op og steg ingefær og kylling, til de er let gyldne. Tilsæt vin eller sherry og sojasovs og steg i yderligere 2 minutter, indtil kyllingen er gennemstegt. Kom porrerne tilbage i gryden og rør til de er gennemvarme. Server med det samme.

Citron kylling

Til 4 personer

4 udbenede kyllingebryst

2 æg

50 g / 2 oz / ½ kop majsmel (majsstivelse)

50 g / 2 oz / ½ kop almindeligt mel (all-purpose)

150 ml / ¼ pt / generøs ½ kop vand

jordnøddeolie til stegning

250 ml / 8 fl oz / 1 kop kyllingebouillon

60 ml / 5 spsk citronsaft

30 ml / 2 spsk risvin eller tør sherry

30 ml / 2 spsk majsmel (majsstivelse)

30 ml / 2 spsk tomatpuré (pasta)

1 salat

Skær hvert kyllingebryst i 4 stykker. Pisk æg, majsstivelse og universalmel sammen, og tilsæt lige nok vand til at lave en tyk dej. Læg kyllingestykkerne i dejen og rør rundt, indtil de er godt dækket. Varm olien op og steg kyllingen til den er gylden og gennemstegt.

Kombiner i mellemtiden bouillon, citronsaft, vin eller sherry, majsstivelse og tomatpuré og opvarm forsigtigt under omrøring, indtil det koger. Kog ved lav varme under konstant omrøring, indtil saucen tykner og klarner. Læg kyllingen på et varmt serveringsfad på en bund af salatblade og hæld saucen over eller server separat.

Steg citronkylling

Til 4 personer

450 g/1 lb udbenet kylling, skåret i skiver
30 ml / 2 spsk citronsaft
15 ml / 1 spsk sojasovs
15 ml / 1 spsk risvin eller tør sherry
30 ml / 2 spsk majsmel (majsstivelse)
30 ml / 2 spsk jordnøddeolie
2,5 ml / ½ tsk salt
2 fed hvidløg, knust
50 g/2 oz vandkastanjer, skåret i strimler
50 g/2 oz bambusskud, skåret i strimler
nogle kinesiske blade, skåret i strimler
60 ml / 4 spsk hønsebouillon
15 ml / 1 spsk tomatpuré (pasta)
15 ml / 1 spsk sukker
15 ml / 1 spsk citronsaft

Læg kyllingen i en skål. Bland citronsaft, sojasovs, vin eller sherry og 15 ml/1 spsk majsmel, hæld over kyllingen og mariner i 1 time, vend af og til.

Varm olie, salt og hvidløg op, indtil hvidløget er let brunet, tilsæt derefter kyllingen og marinaden og sauter i cirka 5 minutter, indtil kyllingen er let brunet. Tilsæt vandkastanjer, bambusskud og kinesiske blade og steg i yderligere 3 minutter, eller indtil kyllingen er kogt. Tilsæt de resterende ingredienser og sauter i cirka 3 minutter, indtil saucen bliver klar og tykner.

Kyllingelever med bambusskud

Til 4 personer

225 g/8 oz kyllingelever, tykke skiver
45 ml / 3 spsk risvin eller tør sherry
45 ml / 3 spsk jordnøddeolie (peanut).
15 ml / 1 spsk sojasovs
100 g/4 oz bambusskud, skåret i skiver
100 g/4 oz vandkastanjer, skåret i skiver
60 ml / 4 spsk hønsebouillon
salt og friskkværnet peber

Bland kyllingeleverne med vinen eller sherryen og lad det hvile i 30 minutter. Varm olien op og steg kyllingeleverne let gyldne. Tilsæt marinade, sojasovs, bambusskud, vandkastanjer og bouillon. Bring i kog og smag til med salt og peber. Dæk til og lad det simre i cirka 10 minutter, indtil det er mørt.

Stegt kyllingelever

Til 4 personer

450 g/1 lb kyllingelever, skåret i halve
50 g / 2 oz / ½ kop majsmel (majsstivelse)
olie til stegning

Dup kyllingeleverne tørre og drys derefter med majsmel, ryst eventuelt overskydende af. Varm olien op og steg kyllingeleverne et par minutter til de er gyldne og gennemstegte. Afdryp på køkkenpapir inden servering.

Kyllingelever med Mangetout

Til 4 personer

225 g/8 oz kyllingelever, tykke skiver

10 ml / 2 tsk majsmel (majsstivelse)

10 ml/2 tsk risvin eller tør sherry

15 ml / 1 spsk sojasovs

45 ml / 3 spsk jordnøddeolie (peanut).

2,5 ml / ½ tsk salt

2 skiver ingefærrod, hakket

100 g/4 oz sneærter

10 ml / 2 tsk majsmel (majsstivelse)

60 ml / 4 spiseskefulde vand

Læg kyllingeleverne i en skål. Tilsæt majsmel, vin eller sherry og sojasovs og bland det godt sammen. Varm halvdelen af olien op og steg salt og ingefær let gyldent. Tilsæt sneærter og steg, indtil de er godt dækket af olie, og tag dem derefter af panden. Varm den resterende olie op og steg kyllingeleverne i 5 minutter, indtil de er gennemstegte. Bland majsmel og vand til en pasta, rør det i gryden og kog ved svag varme under omrøring, indtil saucen bliver klar og tykner. Kom mangetouten tilbage i gryden og lad det simre, indtil det er gennemvarmet.

Kyllingelever med nudelpandekager

Til 4 personer

30 ml / 2 spsk jordnøddeolie

1 løg i skiver

450 g/1 lb kyllingelever, skåret i halve

2 stilke selleri, skåret i skiver

120 ml / 4 fl oz / ½ kop kyllingebouillon

15 ml / 1 spsk majsmel (majsstivelse)

15 ml / 1 spsk sojasovs

30 ml / 2 spsk vand

nudel pandekage

Varm olien op og steg løget til det er blødt. Tilsæt kyllingeleverne og steg til de er farvet. Tilsæt sellerien og svits i 1 minut. Tilsæt bouillon, bring det i kog, læg låg på og lad det simre i 5 minutter. Bland majsmel, sojasovs og vand til en pasta, rør i gryden og kog ved svag varme under omrøring, indtil saucen bliver klar og tykner. Hæld blandingen over nudelpandekagen og server.

Kyllingelever med østerssauce

Til 4 personer

45 ml / 3 spsk jordnøddeolie (peanut).

1 hakket løg

225 g/8 oz kyllingelever, skåret i halve

100 g/4 oz svampe, skåret i skiver

30 ml / 2 spsk østerssauce

15 ml / 1 spsk sojasovs

15 ml / 1 spsk risvin eller tør sherry

120 ml / 4 fl oz / ½ kop kyllingebouillon

5 ml / 1 tsk sukker

15 ml / 1 spsk majsmel (majsstivelse)

45 ml / 3 spsk vand

Varm halvdelen af olien op og steg løget til det er blødt. Tilsæt kyllingeleverne og steg dem til de bliver brune. Tilsæt svampene og svits i 2 minutter. Bland østerssaucen, sojasovsen, vin eller sherry, bouillon og sukker, hæld i gryden og bring det i kog under omrøring. Bland majsmel og vand til en pasta, tilsæt det til gryden og kog ved svag varme under omrøring, indtil saucen bliver klar og tykner, og leverne er møre.

Kyllingelever med ananas

Til 4 personer

225 g/8 oz kyllingelever, skåret i halve

45 ml / 3 spsk jordnøddeolie (peanut).

30 ml / 2 spsk sojasovs

15 ml / 1 spsk majsmel (majsstivelse)

15 ml / 1 spsk sukker

15 ml / 1 spsk vineddike

salt og friskkværnet peber

100 g/4 oz ananas bidder

60 ml / 4 spsk hønsebouillon

Blancher kyllingeleverne i kogende vand i 30 sekunder og dræn derefter. Varm olien op og steg kyllingeleverne i 30 sekunder. Bland sojasovs, majsmel, sukker, vineddike, salt og peber, hæld i gryden og rør godt, så kyllingeleverne dækkes. Tilsæt ananasstykker og bouillon og sauter i cirka 3 minutter, indtil leverne er kogte.

Sød og sur kyllingelever

Til 4 personer

30 ml / 2 spsk jordnøddeolie

450 g/1 lb kyllingelever i kvarte

2 grønne peberfrugter, skåret i stykker

4 skiver dåse ananas, skåret i stykker

60 ml / 4 spsk hønsebouillon

30 ml / 2 spsk majsmel (majsstivelse)

10 ml / 2 tsk sojasovs

100 g / 4 oz / ½ kop sukker

120 ml / 4 fl oz / ½ kop vineddike

120 ml / 4 fl oz / ½ kop vand

Varm olien op og steg leverne let gyldne, og overfør dem derefter til en varm serveringsfad. Kom peberfrugterne i gryden og sauter i 3 minutter. Tilsæt ananas og bouillon, bring det i kog, læg låg på og lad det simre i 15 minutter. Blend de resterende ingredienser til en pasta, rør i gryden og kog ved svag varme under omrøring, indtil saucen tykner. Hæld kyllingeleverne over og server.

Kylling med litchi

Til 4 personer

3 kyllingebryst

60 ml / 4 spsk majsmel (majsstivelse)

45 ml / 3 spsk jordnøddeolie (peanut).

5 spidskål (spidskål), skåret i skiver

1 rød peberfrugt skåret i stykker

120 ml / 4 fl oz / ½ kop tomatsauce

120 ml / 4 fl oz / ½ kop kyllingebouillon

5 ml / 1 tsk sukker

275 g/10 oz skrællet litchi

Skær kyllingebrystene i halve og fjern og kassér ben og skind. Skær hvert bryst i 6. Reservér 5 ml/1 tsk majsmel og smid kyllingen ind i resten, indtil den er godt dækket. Varm olien op og steg kyllingen i cirka 8 minutter, indtil den er gyldenbrun. Tilsæt purløg og peber og svits i 1 minut. Bland tomatsaucen, halvdelen af bouillonen og sukker og bland med litchierne i wokken. Bring det i kog, læg låg på og lad det simre i cirka 10 minutter, indtil kyllingen er gennemstegt. Bland det reserverede majsmel og bouillon i, og rør det derefter i gryden.

Kog over lav varme under omrøring, indtil saucen er klar og tykner.

Kylling med litchi sauce

Til 4 personer

225 g/8 oz kylling

1 purløg (spidsløg)

4 vandkastanjer

30 ml / 2 spsk majsmel (majsstivelse)

45 ml / 3 spsk sojasovs

30 ml / 2 spsk risvin eller tør sherry

2 æggehvider

olie til stegning

400 g/14 oz dåse litchi i sirup

5 spsk hønsebouillon

Hak (kværn) kyllingen med purløg og vandkastanjer. Bland halvdelen af majsstivelsen, 30 ml/2 spsk sojasovs, vinen eller sherryen og æggehviderne. Form blandingen til kugler på størrelse med valnød. Varm olien op og steg kyllingen til den er gylden. Afdryp på køkkenrulle.

I mellemtiden opvarmer du forsigtigt litchisiruppen med bouillon og reserveret sojasovs. Bland det resterende majsmel med lidt vand, rør det i gryden og kog ved svag varme under omrøring, indtil saucen bliver klar og tykner. Tilsæt litchi og lad det simre ved svag varme. Læg kyllingen på en opvarmet tallerken, hæld litchi og sauce over og server straks.

Kylling med Mangetout

Til 4 personer

225 g/8 oz kylling, skåret i tynde skiver

5 ml / 1 tsk majsmel (majsstivelse)

5 ml / 1 tsk risvin eller tør sherry

5 ml / 1 tsk sesamolie

1 æggehvide, let pisket

45 ml / 3 spsk jordnøddeolie (peanut).

1 fed presset hvidløg

1 skive ingefærrod, hakket

100 g/4 oz sneærter

120 ml / 4 fl oz / ½ kop kyllingebouillon

salt og friskkværnet peber

Bland kyllingen med majsstivelse, vin eller sherry, sesamolie og æggehvide. Varm halvdelen af olien op og steg hvidløg og ingefær let gyldent. Tilsæt kyllingen og steg den gyldenbrun og tag den derefter af panden. Varm den resterende olie op og steg sneærterne i 2 minutter. Tilsæt bouillon, bring det i kog, læg låg på og lad det simre i 2 minutter. Kom kyllingen tilbage i gryden og krydr med salt og peber. Lad det simre til det er gennemvarmet.

Kylling med mango

Til 4 personer

100 g / 4 oz / 1 kop almindeligt mel (all-purpose)

250 ml / 8 fl oz / 1 kop vand

2,5 ml / ½ tsk salt

knivspids bagepulver

3 kyllingebryst

olie til stegning

1 skive ingefærrod, hakket

150 ml / ¼ pt / generøs ½ kop hønsebouillon

45 ml / 3 spsk vineddike

45 ml / 3 spsk risvin eller tør sherry

20 ml / 4 teskefulde sojasovs

10 ml / 2 tsk sukker

10 ml / 2 tsk majsmel (majsstivelse)

5 ml / 1 tsk sesamolie

5 spidskål (spidskål), skåret i skiver

400 g/11 oz mango på dåse, drænet og skåret i strimler

Pisk mel, vand, salt og bagepulver sammen. Lad hvile i 15 minutter. Fjern og kassér skind og ben fra kyllingen. Skær kyllingen i tynde strimler. Bland dem i melblandingen. Varm olien op og steg kyllingen i cirka 5 minutter, indtil den er gyldenbrun. Tag af panden og afdryp på køkkenpapir. Fjern alt undtagen 15 ml/1 spsk olie fra wokken og steg ingefæren let gylden. Bland bouillonen med vineddike, vin eller sherry, sojasovs, sukker, majsmel og sesamolie. Tilsæt til gryden og bring det i kog under omrøring. Tilsæt spidskål og lad det simre i 3 minutter. Tilsæt kylling og mango og lad det simre under omrøring i 2 minutter.

Kylling fyldt melon

Til 4 personer

350 g/12 oz kyllingekød

6 vandkastanjer

2 afskallede kammuslinger

4 skiver ingefærrod

5 ml / 1 tsk salt

15 ml / 1 spsk sojasovs

600 ml / 1 pt / 2½ kopper hønsebouillon

8 små eller 4 mellemstore cantaloupemeloner

Hak kylling, kastanjer, kammuslinger og ingefær fint og bland med salt, sojasovs og bouillon. Skær toppen af melonerne og fjern kernerne. Sav de øverste kanter. Fyld melonerne med kyllingeblandingen og læg dem på en rist i en dampkoger. Damp over kogende vand i 40 minutter, indtil kyllingen er kogt.

Steg kylling og svampe

Til 4 personer

45 ml / 3 spsk jordnøddeolie (peanut).

1 fed presset hvidløg

1 forårsløg (spidskål), hakket

1 skive ingefærrod, hakket

225 g/8 oz kyllingebryst, skåret i skiver

225 g/8 oz svampe

45 ml / 3 spsk sojasovs

15 ml / 1 spsk risvin eller tør sherry

5 ml / 1 tsk majsmel (majsstivelse)

Varm olien op og svits hvidløg, forårsløg og ingefær let gyldne. Tilsæt kyllingen og svits i 5 minutter. Tilsæt svampene og svits i 3 minutter. Tilsæt sojasovs, vin eller sherry og majsmel og sauter i cirka 5 minutter, indtil kyllingen er gennemstegt.

Kylling med svampe og jordnødder

Til 4 personer

30 ml / 2 spsk jordnøddeolie

2 fed hvidløg, knust

1 skive ingefærrod, hakket

450 g/1 lb udbenet kylling, i tern

225 g/8 oz svampe

100 g/4 oz bambusskud, skåret i strimler

1 grøn peberfrugt i tern

1 rød peberfrugt skåret i tern

250 ml / 8 fl oz / 1 kop kyllingebouillon

30 ml / 2 spsk risvin eller tør sherry

15 ml / 1 spsk sojasovs

15 ml / 1 spsk Tabasco sauce

30 ml / 2 spsk majsmel (majsstivelse)

30 ml / 2 spsk vand

Varm olie, hvidløg og ingefær op, indtil hvidløget er let gyldent. Tilsæt kyllingen og sauter indtil den er let brunet. Tilsæt champignon, bambusskud og peberfrugt og sauter i 3 minutter. Tilsæt bouillon, vin eller sherry, sojasovs og Tabascosauce og bring det i kog under omrøring. Læg låg på og lad det simre i cirka 10 minutter, indtil kyllingen er gennemstegt. Bland majsmel og vand og bland med saucen. Lad det simre under omrøring, indtil saucen er klar og tyk, tilsæt lidt mere bouillon eller vand, hvis saucen er for tyk.

Sauteret kylling med svampe

Til 4 personer

6 tørrede kinesiske svampe

1 kyllingebryst, skåret i tynde skiver

1 skive ingefærrod, hakket

2 spidskål (spidskål), hakket

15 ml / 1 spsk majsmel (majsstivelse)

15 ml / 1 spsk risvin eller tør sherry

30 ml / 2 spsk vand

2,5 ml / ½ tsk salt

45 ml / 3 spsk jordnøddeolie (peanut).

225 g/8 oz svampe, skåret i skiver

100 g/4 oz bønnespirer

15 ml / 1 spsk sojasovs

5 ml / 1 tsk sukker

120 ml / 4 fl oz / ½ kop kyllingebouillon

Udblød svampene i varmt vand i 30 minutter og dræn derefter. Kassér stilkene og skær toppen af. Læg kyllingen i en skål. Bland ingefær, spidskål, majsstivelse, vin eller sherry, vand og salt, tilsæt kyllingen og lad det trække i 1 time. Varm halvdelen af olien op, og steg kyllingen, til den er let gylden, og tag den derefter af panden. Varm den resterende olie op og steg de tørrede og friske svampe og bønnespirer i 3 minutter. Tilsæt sojasovs, sukker og bouillon, bring det i kog, læg låg på og lad det simre i 4 minutter, indtil grøntsagerne er møre. Kom kyllingen tilbage i gryden, rør godt rundt og varm forsigtigt op inden servering.

Dampet kylling med svampe

Til 4 personer

4 stykker kylling

30 ml / 2 spsk majsmel (majsstivelse)

30 ml / 2 spsk sojasovs

3 spidskål (spidskål), hakket

2 skiver rod ingefær, hakket

2,5 ml / ½ tsk salt

100 g/4 oz svampe, skåret i skiver

Skær kyllingestykkerne i 5 cm/2 stykker og læg dem i en varmefast beholder. Bland majsmel og sojasovs til en pasta, tilsæt spidskål, ingefær og salt og bland det godt sammen med kyllingen. Vend forsigtigt svampene i. Stil skålen på en rist i en dampkoger, dæk til og damp over kogende vand i cirka 35 minutter, indtil kyllingen er mør.

Kylling med løg

Til 4 personer

60 ml / 4 spsk jordnøddeolie

2 løg hakket

450 g/1 lb kylling, skåret i skiver

30 ml / 2 spsk risvin eller tør sherry

250 ml / 8 fl oz / 1 kop kyllingebouillon

45 ml / 3 spsk sojasovs

30 ml / 2 spsk majsmel (majsstivelse)

45 ml / 3 spsk vand

Varm olien op og steg løgene let gyldne. Tilsæt kyllingen og sauter indtil den er let brunet. Tilsæt vin eller sherry, bouillon og sojasovs, bring det i kog, læg låg på og lad det simre i 25 minutter, indtil kyllingen er mør. Bland majsmel og vand til en pasta, rør det i gryden og kog ved svag varme under omrøring, indtil saucen bliver klar og tykner.

Appelsin og citron kylling

Til 4 personer

350 g/1 lb kyllingekød, skåret i strimler

30 ml / 2 spsk jordnøddeolie

2 fed hvidløg, knust

2 skiver ingefærrod, hakket

revet skal af ½ appelsin

revet skal af ½ citron

45 ml / 3 spsk appelsinjuice

45 ml / 3 spsk citronsaft

15 ml / 1 spsk sojasovs

3 spidskål (spidskål), hakket

15 ml / 1 spsk majsmel (majsstivelse)

45 ml / 1 spsk vand

Blancher kyllingen i kogende vand i 30 sekunder og dræn derefter. Varm olien op og svits hvidløg og ingefær i 30 sekunder. Tilsæt appelsin- og citronskal og -saft, sojasauce og spidskål og svits i 2 minutter. Tilsæt kyllingen og lad det simre et par minutter, indtil kyllingen er mør. Bland majsmel og vand til en pasta, rør i gryden og kog ved svag varme under omrøring, indtil saucen tykner.

Kylling med østerssauce

Til 4 personer

30 ml / 2 spsk jordnøddeolie

1 fed presset hvidløg

1 skive finthakket ingefær

450 g/1 lb kylling, skåret i skiver

250 ml / 8 fl oz / 1 kop kyllingebouillon

30 ml / 2 spsk østerssauce

15 ml / 1 spsk risvin eller sherry

5 ml / 1 tsk sukker

Varm olien op med hvidløg og ingefær og steg, indtil den er let brunet. Tilsæt kyllingen og svits i cirka 3 minutter, indtil den er let brunet. Tilsæt bouillon, østerssauce, vin eller sherry og sukker, bring det i kog under omrøring, læg låg på og lad det simre i ca. 15 minutter under omrøring af og til, indtil kyllingen er gennemstegt. Tag låget af og fortsæt med at koge under omrøring i cirka 4 minutter, indtil saucen er reduceret og tyknet.

kyllingepakker

Til 4 personer

225 g/8 oz kylling

30 ml / 2 spsk risvin eller tør sherry

30 ml / 2 spsk sojasovs

vokspapir eller pergament til bagning

30 ml / 2 spsk jordnøddeolie

olie til stegning

Skær kyllingen i 5 cm/2 tern Bland vin eller sherry og sojasovs, hæld over kyllingen og rør godt rundt. Dæk til og lad sidde i 1 time under omrøring af og til. Skær papiret i 10 cm firkanter og smør med olie. Dræn kyllingen godt. Læg et ark papir på arbejdsfladen med det ene hjørne mod dig. Læg et stykke kylling på firkanten lige under midten, fold det nederste hjørne og fold igen for at omslutte kyllingen. Fold siderne og fold derefter det øverste hjørne ned for at sikre pakken. Varm olien op og steg kyllingepakkerne i cirka 5 minutter, til de er gennemstegte. Serveres varm i pakkerne, så gæsterne kan åbne.

Jordnøddekylling

Til 4 personer

225 g/8 oz kylling, skåret i tynde skiver

1 æggehvide, let pisket

10 ml / 2 tsk majsmel (majsstivelse)

45 ml / 3 spsk jordnøddeolie (peanut).

1 fed presset hvidløg

1 skive ingefærrod, hakket

2 porrer hakket

30 ml / 2 spsk sojasovs

15 ml / 1 spsk risvin eller tør sherry

100 g/4 oz ristede jordnødder

Bland kyllingen med æggehviden og majsstivelsen, indtil den er godt dækket. Varm halvdelen af olien op og steg kyllingen, indtil den er gyldenbrun, og tag den derefter af panden. Varm den resterende olie op og steg og hvidløg og ingefær, indtil de er bløde. Tilsæt porrerne og svits dem let gyldne. Tilsæt sojasovsen og vin eller sherry og lad det simre i 3 minutter. Kom kyllingen tilbage i gryden med peanuts og lad det simre, indtil den er gennemvarm.

Peanut Butter Kylling

Til 4 personer

4 kyllingebryst i tern
salt og friskkværnet peber
5 ml/1 tsk fem krydderier pulver
45 ml / 3 spsk jordnøddeolie (peanut).
1 løg skåret i tern
2 gulerødder i tern
1 stang selleri, skåret i tern
300 ml / ½ pt / 1¼ kopper hønsebouillon
10 ml / 2 tsk tomatpuré (pasta)
100 g/4 oz jordnøddesmør
15 ml / 1 spsk sojasovs
10 ml / 2 tsk majsmel (majsstivelse)
knivspids brun farin
15 ml / 1 spsk hakket purløg

Krydr kyllingen med salt, peber og 5-krydderipulver. Varm olien op og steg kyllingen mør. Fjern fra panden. Tilsæt grøntsagerne og steg til de er møre, men stadig sprøde. Bland bouillonen med resten af ingredienserne undtagen purløg, rør i gryden og lad det koge op. Kom kyllingen tilbage i gryden og opvarm igen under omrøring. Server drysset med sukker.

Kylling med ærter

Til 4 personer

60 ml / 4 spsk jordnøddeolie

1 hakket løg

450 g/1 lb kylling i tern

salt og friskkværnet peber

100 g/4 oz ærter

2 stilke selleri, hakket

100 g hakkede svampe

250 ml / 8 fl oz / 1 kop kyllingebouillon

15 ml / 1 spsk majsmel (majsstivelse)

15 ml / 1 spsk sojasovs

60 ml / 4 spiseskefulde vand

Varm olien op og steg løget let gyldent. Tilsæt kyllingen og steg til den får farve. Smag til med salt og peber og tilsæt ærter, selleri og svampe og rør godt rundt. Tilsæt bouillon, bring det i kog, læg låg på og lad det simre i 15 minutter. Bland majsmel, sojasovs og vand til en pasta, rør det i gryden og kog ved svag varme under omrøring, indtil saucen bliver klar og tykner.

Peking kylling

Til 4 personer

4 portioner kylling
salt og friskkværnet peber
5 ml / 1 tsk sukker
1 forårsløg (spidskål), hakket
1 skive ingefærrod, hakket
15 ml / 1 spsk sojasovs
15 ml / 1 spsk risvin eller tør sherry
15 ml / 1 spsk majsmel (majsstivelse)
olie til stegning

Læg kyllingeportionerne i en lav skål og drys med salt og peber. Bland sukker, purløg, ingefær, sojasovs og vin eller sherry, fordel ud over kyllingen, læg låg på og lad marinere i 3 timer. Dræn kyllingen og drys med majsmel. Varm olien op og steg kyllingen til den er gylden og gennemstegt. Dræn godt af inden servering.

Kylling med peber

Til 4 personer

60 ml / 4 spsk sojasovs

45 ml / 3 spsk risvin eller tør sherry

45 ml / 3 spsk majsmel (majsstivelse)

450 g/1 lb kylling, hakket (kværnet)

60 ml / 4 spsk jordnøddeolie

2,5 ml / ½ tsk salt

2 fed hvidløg, knust

2 røde peberfrugter skåret i tern

1 grøn peberfrugt i tern

5 ml / 1 tsk sukker

300 ml / ½ pt / 1¼ kopper hønsebouillon

Bland halvdelen af sojasovsen, halvdelen af vinen eller sherryen og halvdelen af majsstivelsen. Hæld kyllingen over, rør godt rundt, og lad marinere i mindst 1 time. Varm halvdelen af olien op med salt og hvidløg, indtil hvidløget er let gyldent. Tilsæt kyllingen og marinaden og sautér i cirka 4 minutter, indtil kyllingen bliver hvid, og tag den derefter af panden. Tilsæt den resterende olie på panden og svits peberfrugterne i 2 minutter. Tilsæt sukkeret i gryden med den resterende sojasovs, vin eller sherry og majsmel og bland godt. Tilsæt bouillon, bring det i kog og lad det simre under omrøring, indtil saucen tykner. Kom kyllingen tilbage i gryden, læg låg på og lad den simre i 4 minutter, indtil kyllingen er gennemstegt.

Sauteret kylling med peber

Til 4 personer

1 kyllingebryst, skåret i tynde skiver

2 skiver ingefærrod, hakket

2 spidskål (spidskål), hakket

15 ml / 1 spsk majsmel (majsstivelse)

30 ml / 2 spsk risvin eller tør sherry

30 ml / 2 spsk vand

2,5 ml / ½ tsk salt

45 ml / 3 spsk jordnøddeolie (peanut).

100 g/4 oz vandkastanjer, skåret i skiver

1 rød peberfrugt skåret i strimler

1 grøn peberfrugt skåret i strimler

1 gul peberfrugt skåret i strimler

30 ml / 2 spsk sojasovs

120 ml / 4 fl oz / ½ kop kyllingebouillon

Læg kyllingen i en skål. Bland ingefær, spidskål, majsstivelse, vin eller sherry, vand og salt, tilsæt kyllingen og lad det trække i 1 time. Varm halvdelen af olien op, og steg kyllingen, til den er let gylden, og tag den derefter af panden. Varm den resterende olie op og steg vandkastanjerne og peberfrugterne i 2 minutter. Tilsæt sojasauce og bouillon, bring det i kog, læg låg på og lad det simre i 5 minutter, indtil grøntsagerne er møre. Kom kyllingen tilbage i gryden, rør godt rundt og varm forsigtigt op inden servering.

Kylling og ananas

Til 4 personer

30 ml / 2 spsk jordnøddeolie

5 ml / 1 tsk salt

2 fed hvidløg, knust

450 g/1 lb udbenet kylling, skåret i tynde skiver

2 løg i skiver

100 g/4 oz vandkastanjer, skåret i skiver

100 g/4 oz ananas bidder

30 ml / 2 spsk risvin eller tør sherry

450 ml / ¾ pt / 2 kopper hønsebouillon

5 ml / 1 tsk sukker

friskkværnet peber

30 ml / 2 spsk ananasjuice

30 ml / 2 spsk sojasovs

30 ml / 2 spsk majsmel (majsstivelse)

Varm olie, salt og hvidløg op, indtil hvidløget bliver let gyldent. Tilsæt kyllingen og svits i 2 minutter. Tilsæt løg, vandkastanjer og ananas og svits i 2 minutter. Tilsæt vin eller sherry, bouillon og sukker og smag til med peber. Bring det i kog, læg låg på og lad det simre i 5 minutter. Bland ananasjuice, sojasovs og majsmel. Rør i gryden og kog ved svag varme under omrøring, indtil saucen tykner og klarner.

Kylling med ananas og litchi

Til 4 personer

30 ml / 2 spsk jordnøddeolie

225 g/8 oz kylling, skåret i tynde skiver

1 skive ingefærrod, hakket

15 ml / 1 spsk sojasovs

15 ml / 1 spsk risvin eller tør sherry

200 g/7 oz dåse ananas bidder i sirup

200 g/7 oz dåse litchi i sirup

15 ml / 1 spsk majsmel (majsstivelse)

Varm olien op og steg kyllingen, indtil den er lys i farven. Tilsæt sojasovsen og vin eller sherry og rør godt rundt. Mål 250 ml / 8 fl oz / 1 kop af ananas-litchi sirupblandingen og reserver 30 ml / 2 spsk. Kom resten i gryden, bring det i kog og lad det simre et par minutter, indtil kyllingen er mør. Tilsæt ananasstykkerne og litchien. Bland majsmelet med den reserverede sirup, rør i gryden og kog ved svag varme under omrøring, indtil saucen bliver klar og tykner.

Kylling med svinekød

Til 4 personer

1 kyllingebryst, skåret i tynde skiver

100 g/4 oz magert svinekød, skåret i tynde skiver

60 ml / 4 spsk sojasovs

15 ml / 1 spsk majsmel (majsstivelse)

1 æggehvide

45 ml / 3 spsk jordnøddeolie (peanut).

3 skiver ingefærrod, hakket

50 g/2 oz bambusskud, skåret i skiver

225 g/8 oz svampe, skåret i skiver

225 g/8 oz kinesiske blade, revet

120 ml / 4 fl oz / ½ kop kyllingebouillon

30 ml / 2 spsk vand

Bland kylling og svinekød. Bland sojasovsen, 5 ml/1 tsk majsmel og æggehvide og tilsæt kylling og svinekød. Lad det hvile i 30 minutter. Opvarm halvdelen af olien og steg kyllingen og svinekødet, indtil det er let brunet, og tag derefter af panden. Varm den resterende olie op og steg ingefær, bambusskud, svampe og kinesiske blade, indtil de er godt dækket af olie. Tilsæt bouillon og kog den op. Kom kyllingeblandingen tilbage i gryden, læg låg på og lad det simre i cirka 3 minutter, indtil kødet er mørt. Bland det resterende majsmel til en pasta med vandet, rør i saucen og kog ved svag varme under omrøring, indtil saucen tykner. Server med det samme.

www.ingramcontent.com/pod-product-compliance
Lightning Source LLC
Chambersburg PA
CBHW071859110526
44591CB00011B/1475